JN299475

知覚を測る

実験データで語る視覚心理学

大山 正 著
Oyama Tadasu

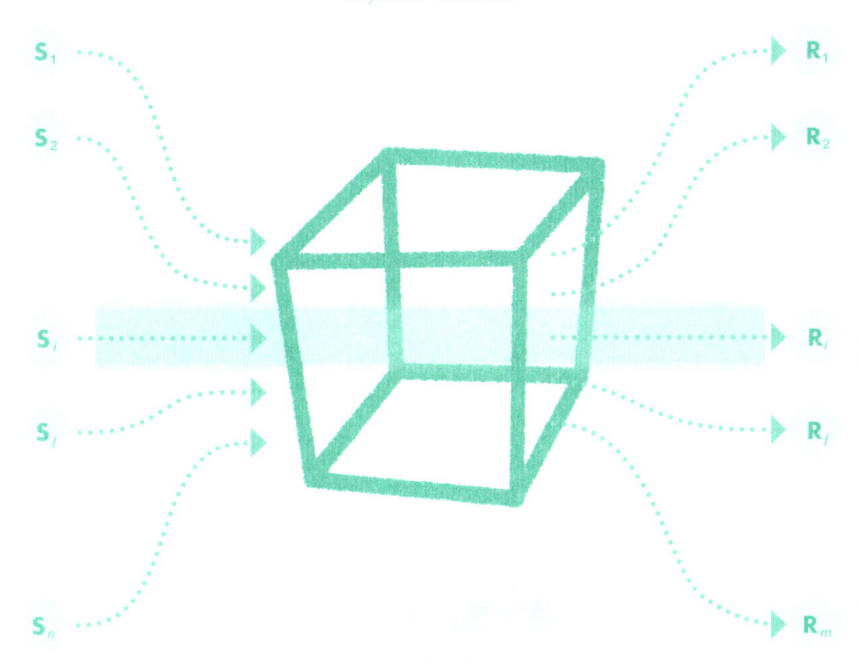

誠信書房

まえがき

　われわれは自分の五感を通して多くの情報を得ている。周囲の状況に関する具体的情報も，文章や映像や言葉を通して得られる知識も，それを見て，聞き，読んで知ることができる。視覚，聴覚だけでなく，触覚，嗅覚，味覚を通して得られる情報も，われわれの日常生活に欠かせないもので，安全に能率的に生活していくために重要な役割を果たし，環境中で適切な行動をするための手がかりとなっている。それらの感覚に障害があると，大変不便を感じることになる。またわれわれの楽しみや芸術の多くも感覚があって成り立っているもので，われわれは五感を通して多くの喜びを感じている。知覚はこれらの感覚から成り立つ，よりまとまった経験である。

　感覚・知覚の問題は，心理学の歴史において早くから研究対象とされてきた。初期の心理学は意識を心理学の研究対象とし，感覚・知覚は意識の大きな部分を占めているからである。その後，行動を心理学の主要研究対象とするようになったが，感覚・知覚の重要性は変わらなかった。適切な行動をするには，感覚・知覚情報が非常に重要であるからである。しかし，感覚・知覚の研究法は大いに変わった。初期の心理学のように本人の内観に頼らず，行動面から客観的に行うようになった。そこで，いかにして主観的側面が強い感覚・知覚を，客観的に捉え，さらに量的に表現するかが問題となる。本書はこの問題を取扱い，著者が協力者とともに実施した多くの実験研究を例に，具体的に解説し論じていく。その際に背景となる視覚の諸問題も展望する。

　感覚と知覚の用語は，心理学では厳密に分けて使用されていた時代もあった。現在でも，感覚は比較的単純な過程を指し，知覚はより複雑な過程に用いられることが多いが，両者に厳密な区別はない。本書では感覚・知覚両方を含めて論じる。また五感のうちの視覚を主として論じるが，視覚が五感のうちでもっとも情報量が多く，研究も豊富であり，筆者がもっぱら研究してきた領域であるので，知覚の代表として，視覚研究を例に挙げる。研究法は，他の感覚領域と共通している面が多い。視覚以外の知覚研究者にも本書は参考になるであろう。

本書は，2007年に筆者が日本心理学会から国際賞特別賞を授与され，2008年の同学会大会で「知覚を測る」という題で受賞記念講演をしたことが，契機となっている。長年の知覚研究とその国際的発信が評価されて授与された賞である。誠に光栄なことである。確かに大学の卒業研究以来，半世紀以上にわたり知覚研究に専念してきた。その間に勤務した北海道大学，千葉大学，東京大学，日本大学において多数の優秀で熱心な協力者に恵まれたことにより，多くの研究成果をあげられた。研究を引用する際に，できるだけ協力者の名前を挙げていく。本書が知覚の多くの問題にわたっているのは，筆者自身の興味の幅によるだけでなく，協力者の希望によるところも大きい。たとえば，動物の色覚や幼児における形の類似性などまで研究を広げられたのは，協力者であった当時の大学生の熱意によるところが大である。これらの多くの協力者の努力とアイデア提供に，衷心より感謝したい。

　これらの研究は，単なる外国文献の追試やその発展によるものではないことを誇りにもちたい。自分たちで考え，重要性を感じたテーマを取り上げている。それらはまだ発展の余地がある。ぜひ読者のみなさんの手でさらに発展させていただきたい。わが国の研究は，残念なことに，外国文献の引用が多く，国内の研究をたがいに引用して発展させたものが少ない。特に知覚の分野では，わが国の研究は国際的に高く評価されている。ぜひ，読者の方々が，ここに挙げた研究例を，知覚測定法の実施例として参考にしていただくだけでなく，個々の研究テーマのさらなる発展にも努力していただければ，望外の幸いである。

　最後に，私の講演を聴き，本にまとめることを勧めてくださった誠信書房編集部長の松山由理子さんと編集実務を担当された児島雅弘さんに深く感謝したい。

　なお，本書は筆者のこれまでの研究の総まとめであり，その性格上，筆者自身がこれまで書いてきた論文や著書の内容と部分的に重複するところがあることを，あらかじめお断りしておきたい。

　　2010年初春　　　　　　　　　　　　　　　　　　　　大　山　　正

目次

まえがき i

第1章　知覚の測定法
Methods of perception measurement　　1

1.1　意識としての知覚 2
1.2　意識と行動 3
1.3　刺激と反応 4
1.4　ブラックボックス・入力・出力 6
1.5　数量化，尺度の水準 6
1.6　S-R, S-S, R-R 型研究法 7
　　BOX1.1　精神物理学的測定法における刺激 - 反応関係 10
　　BOX1.2　反応時間測定法 13
　　BOX1.3　セマンティック・ディファレンシャル法（SD法） 15
1.7　まとめ 16

第2章　色の知覚の測定
Mesurement of color perception　　19

2.1　光と色 20
2.2　混色 20
　　コイとサルにおける混色の実験 21
　　BOX2.1　色覚の分類 27
2.3　色の3属性 29
　　色立体の妥当性の実験的検証 30
2.4　明るさと色の順応 32
2.5　光の強度と明るさ 33
2.6　明るさ対比と色対比 35
　　絶対判断に基づく色対比の実験 37
　　色彩領域間の明るさ対比の実験 39
2.7　明るさと色の恒常性 42
　　照明の知覚と明るさの恒常性の実験 42
2.8　暖色と寒色，進出色と後退色，膨張色と収縮色 44

iii

進出色・後退色に関する実験 ·· 46
　　　膨張色・収縮色に関する実験 ·· 46
2.9　SD法による色彩感情の測定 ··· 49
2.10　色の誘目性 ··· 51
2.11　色の象徴性 ··· 51
2.12　色の組み合わせの効果 ··· 53
2.13　まとめ ·· 56

第3章　形の知覚の測定　Measurement of form perception　59

3.1　図と地 ·· 60
　　　図になりやすさに関する実験 ·· 60
3.2　主観的輪郭 ·· 63
　　　主観的輪郭の実験——原因か結果か ·· 64
3.3　透明視 ·· 67
　　　透明視に関する実験 ·· 68
3.4　錯視 ·· 69
　　　デルブーフ同心円錯視に及ぼす色の類同性の効果に関する実験 ···· 71
　　　ツェルナー錯視に関する実験 ·· 72
　　　短時間提示における錯視の実験 ··· 75
3.5　図形残効 ·· 77
　　　図形残効の実験 ·· 78
3.6　形の属性 ·· 80
　　　図の属性に関する実験と分析 ·· 81
3.7　形と方向 ·· 83
　　　各年齢層における鏡映文字と心的回転に関する実験 ··················· 84
3.8　形と感情 ·· 85
　　　語音象徴に関する実験 ·· 86
　　　形の象徴性の国際比較実験 ·· 87
　　　色と形の合成による感情効果の実験 ·· 88
3.9　知覚的群化 ·· 89
　　　近接の要因の量的測定 ·· 89
　　　群化における類同の要因の量的測定 ·· 91
　　　色・輝度・大きさ・形などの差異の効果の加算性に関する数理的解析 ···· 92
　　　ユークリッド距離か市街距離か ··· 93

3.10 まとめ 95

第4章 空間知覚の測定　Measurement of space perception　99

4.1 遠近感の手がかりと距離知覚 100
BOX4.1 透視画法と遠近感 105
輻輳角による距離感に関する実験 106
両眼視差による距離知覚の実験 108

4.2 大きさの恒常性 109
輻輳角による大きさ知覚の実験 110
大きさの恒常性に及ぼす両眼視差の実験 114
運動視差による距離と大きさの知覚の実験 117

4.3 まとめ 118

第5章 運動知覚の測定　Measurement of motion perception　119

5.1 運動の知覚 120
5.2 見えの速さ 120
見えの速さの規定条件に関する実験 121
5.3 誘導運動 123
暗黒中の複数の運動光点の見えの軌跡に関する実験と数理モデル 123
5.4 仮現運動 127
運動知覚と変化知覚の多義性に関する実験 129
仮現運動と類同性に関する実験 132
5.5 運動視と知覚の安定性 135
5.6 運動が与える印象 136
1 光点の運動が与える印象に関する実験 136
2 光点の運動が与える印象に関する実験 137
5.7 まとめ 139

第6章 知覚-認知過程の測定　Measurement of perceptual-cognitive processes　141

6.1 時間を超えた群化 142
時間を超えた群化の実験 142

6.2　継時的統合とマスキング ……………………………………………… 144
　　継時的マスキングにおける類似性の効果に関する実験 ………………… 144
6.3　注意の範囲 ………………………………………………………………… 147
　　注意の範囲に及ぼす群化の効果に関する実験 …………………………… 147
　　注意の範囲に及ぼす瞬間提示とマスキングの効果に関する実験 ……… 148
6.4　まとめ ……………………………………………………………………… 155

第7章　結語　Conclusions　157

7.1　測定法の適用 ……………………………………………………………… 158
　　S-R型 …………………………………………………………………………… 158
　　S-S型 …………………………………………………………………………… 159
　　R-R型 …………………………………………………………………………… 159
7.2　理論的示唆 ………………………………………………………………… 160
　　知覚の多段階構造 …………………………………………………………… 160
　　情報処理の能率化と生活適応的機能 ……………………………………… 162

文　献 ……………………………………………………………………………… 165
人名索引 …………………………………………………………………………… 176
事項索引 …………………………………………………………………………… 178

第1章

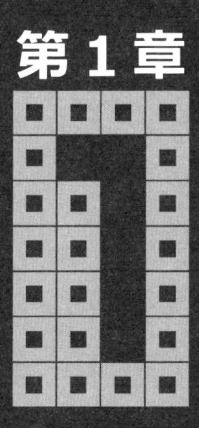

Methods of perception measurement
知覚の測定法

1.1 意識としての知覚

　19世紀後半に心理学を独立の学問として確立させたW. ヴント（Wundt）は，心理学の研究対象を直接経験，すなわち「意識」であると定義した（大山，2005b）。これは，心理学を思索に基づく哲学と区別するとともに，誰にでも共通に経験できる間接経験に基づく自然科学とも一線を画そうとしたものと考えられる。つまり，一方で哲学とは違って経験科学であると主張し，他方で自然科学と異なり，心理学は各個人がそれぞれ別々に経験していること，すなわち「直接経験」を対象とすることによって，心理学の独自性を主張しようとした。「直接経験」とは各自が経験できる「意識」を意味する。「意識」は確かに経験的事実であるが，人は自分の意識だけしか経験できない。他人の意識は経験できない。ここが自然科学の扱う間接経験との大きな違いである。本書で扱う**知覚**（perception）は典型的な意識現象である。

　ヴントは心理学者を訓練して，各自の意識を自分自身で観察し，分析して，心理学の基本データとしようとした。しかし，この方法では，訓練を受けた心理学者自身の意識しか研究の対象にできない。幼児や，精神異常者の意識を内観によって求めることはできない。内観法の限界は明らかであった。実際にはヴント自身も後述する精神物理学的測定法や反応時間測定法を広く用いていたし，幼児や動物の心理状態にも考察を広げている。

　今日の心理学でも研究対象とする人々（被験者，観察者，実験参加者，実験協力者などと呼ばれる。本書では知覚研究に適する**観察者**の語を主として用いる）に各自の体験した事柄をそのまま報告してもらうことがある。一種の内観報告である。しかし，報告はあくまで，言語行動の一部であり，報告内容がそのまま，その人の意識内容を表しているとは解していない。人は自分の恥ずかしいこと，不利なことはなかなかありのままには答えない。また表現能力と表現法にも個人差が大きい。大げさに言う人も，控えめに言う人もいる。ある内観報告がなされたということは客観的事実であっても，その内容は客観的事実とはいえない。

1.2 意識と行動

　自分の意識は確かに自分で観察できるが，他の人の意識はまったくうかがい知れない。言葉や行動や表情から推測するだけである。それに対して，行動は誰にも観察できる。A さんの意識は，A さんにしか観察できないが，A さんの行動は，B さんにも C さんにも観察できる。その意味で，行動は公共的客観性をもつ。行動は観察方法を工夫すれば，その観察事実は自然科学における観察事実と同等の客観性を持ちうる。
　意識も何らかの仕方で行動に反映すれば，行動を通して研究できる。ある人が感じていること，考えていること，欲していることは，多くの場合，その人の行動に現れる。行動に現れた際には，行動を通して，研究できることになる。ここでいう行動には身体動作だけでなく言語も含まれる。
　行動を研究するのであれば，幼児の行動も，動物の行動も成人の行動と同じように取り扱うことができる。現在の心理学では，多くの場合，意識的，無意識的な心的過程は，行動を通して研究されている。感覚，知覚，記憶，思考，感情，要求などの多くの心的過程は外部から直接観察できないものであるが，行動を通して組織的に研究されている。そこに長年の間，心理学者が工夫してきた研究方法の独自性がある。
　近代原子論を確立した化学者 J. ドールトン（Dalton）は色覚異常者であった。しかし彼自身が，自分の色覚が普通の人と違うことに気付いたのは，26 歳の頃であったという（大山，1994a）。言い伝えによると，彼が母親の誕生日のプレゼントに選んだ靴下が赤い色だったので，母親はとても派手な色で，はいて外出できないといったことが，彼が自分の色覚が周りの人と違うことに気付くきっかけになったという。彼はその事実を恥ずかしがらずに公表し，積極的に自分の色の見え方と他の人との違いを研究して，色覚異常の研究の道を拓いた。
　現在広く用いられている石原式色覚検査表では，色の斑点から構成された数字を読むことが求められる。数字を構成する斑点の色と，地となる部分の斑点の色が色覚異常者には似て見えるために，数字が読みにく

いのである．ここで重要なことは，この検査では決して色名を答えさせないことである．もし色名を尋ねて「あか」と答えたとしても，他の人と同じ赤い感覚を体験しているとは限らない．先天性色覚異常者の場合，幼児期に「あか」という言葉を覚えたときにすでに正常者と違う感覚を感じていたと考えられるから，色名はあてにならない．むしろ2つの色が区別できるか否かが決め手になるのである．色覚検査表の場合，地と数字の色の違いが区別（弁別）できるかをテストしているのである．本書の第2章では色覚異常者の感じている色の類似性についても論じる．

　弁別行動を用いれば，動物の色覚も研究できる．K. フォン・フリッシュ（Frisch, 1975）は，ミツバチの色覚を色紙の色の弁別行動を通して研究した．たとえば，赤と青の色紙の上にそれぞれガラス皿を置き，その一方にだけ砂糖水を入れておいた．訪れたミツバチは砂糖水を花の蜜と同じように吸って巣に帰り，仲間を連れてまたやってきた．このようにして，ミツバチたちをある色の色紙だけに集まるように訓練することができる．このように訓練されたミツバチは砂糖水を取り除いても，色紙の位置を変えても，色紙を新品に換えても，同じ色に集まった．ただしミツバチは，赤と青とは区別できたが，赤と黒とは区別できなかった．さらに色紙に換え光学機器を用いて種々の光線の弁別を訓練すると，ミツバチは人とは可視範囲が異なり，赤色光は見えないが，人が見ることが出来ない紫外線を見ることが出来，そこにミツバチは独自の色を感じていることがわかった．行動を通した色覚研究の例である．本書の第2章では，コイとサルの色覚の実験を述べる．

1.3 刺激と反応

　1913年にJ. B. ワトソン（Watson, 1913, 1930）が主張し始めた行動主義では，心理学は客観的実験的な自然科学の一分野とされ，その研究対象は意識でなく行動であると主張された（今田，1994；大山，1974）．彼は刺激と反応の関係を明らかにして，刺激により反応を予測し統制する

ことを心理学の課題であるとした。この立場は次の関数式で表すことができる。すなわち**刺激**（stimulus）を S, **反応**（response）を R とすれば，$R = f(S)$ となる。ここで数学の用語を用いれば，S は**独立変数**（independent variable），R は**従属変数**（dependent variable）である。この関数関係 f が明らかにされれば，数式 $y = f(x)$ において x から y を予測するように，刺激 S から反応 R が予測され，さらに刺激 S に適切な値を与えれば望ましい反応 R を得ることができることになる。刺激による反応の統制である。この考えに従えば，心理学の課題は関数 f の形を明らかにすることになる。

しかし実際には，この課題を解くことは容易ではない。また有機体の行動はそのときの刺激だけで規定されているものではない。有機体（人と動物）の内部状態や過去経験が影響するし，ひとつひとつの有機体の個体差（個人差）もある。そこで，ワトソンの後の E. C. トールマン（Tolman）と C. L. ハル（Hull）などの新行動主義者は，独立変数である刺激などの条件と従属変数である行動との間に，仮説的な**仲介（媒介）変数**（intervening variables）$I_1, I_2, ……$ を介在させて，独立変数と従属変数を間接的に結びつけようとした。

彼らが考えた仲介変数は，有機体の習慣や動機であった。このような考え方は，その後の多くの心理学者に引き継がれている。感覚，知覚，記憶，学習，要求，感情などの心理学の多くの概念は，それぞれ仲介変数の一種である。それ自体は直接観察できなくても，その際に設定した客観条件（独立変数）と観察結果（従属変数）を仲介するものとして推定されたものである。したがって，操作ないし観察可能な独立変数である客観条件と観察可能な従属変数である結果から，直接観察できない仲介変数の特性を推定することが，心理学の研究課題となる。その課題を解くための方法として多くの心理学的研究法が生まれた。

1.4 ブラックボックス・入力・出力

　直接観察できる独立変数と従属変数の間に仲介変数を仮定して，独立変数と従属変数との間の関数関係から，それらの仲介変数の性質を推定しようという考え方は，科学における**ブラックボックス**の考え方に通じる。中を開いてみることが出来ない箱の中の構造を，その箱に与える**入力**（input）と，その箱が出す**出力**（output）の関係から推定しようという考え方である。入力を組織的に変化させた際の出力の変化を観察して，内部の構造を推定するのである。その際，入力・出力といっても，力である必要はない。入ってくる情報と出て行く情報を意味することも多い。心理学の場合は，ブラックボックスは人や動物であり，入力は刺激などの外部条件で，出力は行動である。広く条件と結果と考えてもよい。独立変数と従属変数に相当する。

　ブラックボックスの中の構造に相当するのが，仲介変数の体系である。はじめはあくまで仮説であったものが，研究技術が発達してブラックボックスの中を開けて調べることができるようになったときに，それまで仲介変数ないし仮説構成体として仮定されていたものが実証されることもある。たとえば，色覚の3色説は長らく仮説であったが，電気生理学の進歩によって網膜中の3種の錐体の存在が実証されたのがその例である（大山，1994a）。

1.5 数量化，尺度の水準

　心理学で扱う数値は，物理学で扱う数値ほどには厳密な数でない場合が多い。20が10の2倍を意味しているとは限らないし，10と20の差と20と30の差が等しい間隔であるとの保証はない。それは，条件を示す独立変数の場合も，結果を示す従属変数の場合も，また仲介変数の場合も同様である。S. S. スティーヴンス（Stevens, 1951）は，尺度には下記の4段階があるという。この尺度の段階は数量化の段階を示しているといえる。

A）**名義尺度（nominal scale）** 運動選手の背番号のように，誰が何番と決まっているだけで，番号の大小は量的な意味をもたない。名前や記号と同じである。たとえば，コンピュータ入力の際に男女の性別を0と1に記号化したとすると，それも名義尺度である。性格や反応のカテゴリーの分類などもこれに含まれる。

B）**順位尺度（ordinal scale）** 学業成績の順位や，マラソン競技の到着順のように，数が単に順位を表すだけで，1位と2位の間隔と2位と3位の間隔が等しいという保証はない。平均値を出してもあまり意味がない。心理学の多くの数値がこの性質をもつ。

C）**間隔尺度（interval scale）** 西暦と平成の年号や摂氏と華氏の温度のように，1年の間隔，1℃の温度差はそれぞれ一定の意味をもつが，原点（ゼロ）は比較的便宜的に決められている尺度である。平均を求めることは意味があるが，比率を問題としても意味はない。心理学で数量的分析を進める際に，得られた数値を間隔尺度に従ったものとみなす場合が多い。

D）**比率尺度（ratio scale）** メートル，グラム，秒でそれぞれ示される長さ，重さ，時間のような物理的単位は間隔も比率も量的意味をもつ。心理学ではこのような数値はなかなか得がたい。

1.6　S-R, S-S, R-R 型研究法

刺激をはじめとする種々の条件Sと反応ないし行動Rの関数関係を追求するのが心理学の課題であることはすでに述べた。これをS-R型の研究法と呼ぶことにする。しかし，個々の研究においては必ずしもその通りには行われない。それは反応が質的に多様であって，数量化しにくく測定に向かなかったり，条件を組織的に変化させるのが困難であったりするためである。その代わりに，時には同じ反応を生じさせるための複数の条件（S_1, S_2, …）の組み合わせの関係を調べたり，同じ刺激条件下で生じる反応（R_1, R_2, …）間の関連を調べたりする。これらの研究法をそれぞれS-S型，R-R型の研究法と呼ぶことにする（大山，

1960;Oyama, 1969)。ここで S は刺激だけでなく広く条件を示す変数を表している。これら 3 種の研究法の実例をあげると次のようなものがある。

S-R 型：知覚研究に使用されるものとしては，刺激の強さと反応時間（**Box 1.2** 参照）の関係，マグニテュード推定法（magnitude estimation）（2.5 参照），目測による大きさや距離の判断，知覚カテゴリーに応じたキー押し反応法，セマンティック・ディファレンシャル法（SD 法）（**Box 1.3** 参照）による評定，などがその例である。これらの場合，反応時間，反応の大きさ，反応の生起率，反応持続時間などを測定値 R として採用して，刺激や試行数などの客観条件 S との関数関係が探求される（**図 1.1** 参照）。生理学的反応指標を用いる場合も多くはこの型により解析される。

S-S 型：光の波長と光覚閾の関係，標準刺激の重量と重さの弁別閾の関係，ミュラー-リヤー錯視図の矢羽の長さと錯視量などの関係の追求がその例。条件も波長，重量，長さのような物理的な量 S_1 であるとともに，測定値の光覚閾，弁別閾，錯視量も物理的量 S_2 で表される。それでは反応 R は関係ないのかというと，もちろん関係している。各回の試行では「見える」「見えない」，「重い」「軽い」，「長い」「短い」，などの判断反応がなされている。それらの判断反応(R)が 50%ずつになるような刺激条件を求めて，たとえば「見える」「見えない」場合なら**刺激閾値**（stimulus threshold）とし，「重い」「軽い」，「長い」「短い」の場合なら**主観的等価点**（point of subjective equality, PSE）という測定値としている。つまり，反応 R が特定の一定な出現率になるに適した 2 種の刺激値（S_1, S_2）の組み合わせ関係を求めているのである。したがって，条件も測定値も刺激の値で示される。刺激変数が多数ある場合には，そのうちの 2 変数 S_i と S_j の間の関係が求められる（**図 1.1** 参照）。感覚・知覚研究で広く用いられる精神物理学的測定法はこの S-S 型に該当する。その具体的方法としては調整法，極限法，恒常法などがある（大山，1969，2005ab）。

精神物理学的測定法は，その起源はヴントの内観法より古く，19 世

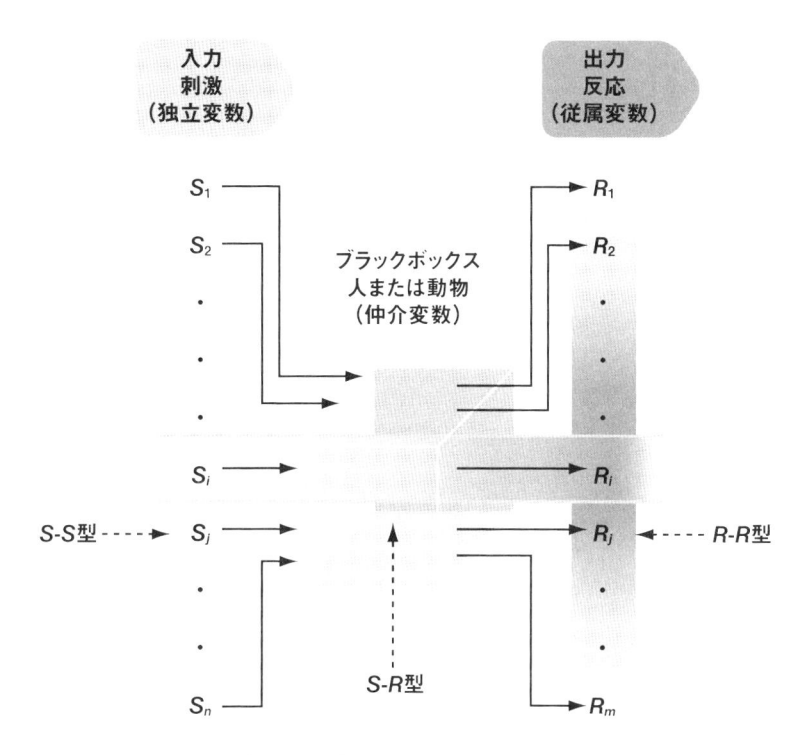

図1.1　ブラックボックスのモデル（大山，2007）

紀の E. ウェーバー（Weber）や G. T. フェヒナー（Fechner）に由来するが，単純の2種ないし3種の判断（反応）のみを被験者に要求するのみで，非常に客観的な方法であり，行動主義的立場とも両立することは C. H. グラアム（Graham, 1950）が指摘しているところである（大山，1994b, 2005c）（**Box 1.1** 参照）。訓練すれば動物を被験体としても適用できる。動物の精神物理学（animal psychophysics）である（大山・実森，1983）。本書でも第2章にコイとサルに適用した例を紹介する。また乳幼児に対しては，その注視反応などを指標として乳幼児の精神物理学（infant psychophysics）が開発されている（山口・金沢，2008）。

　また多義的な刺激場面で2種の知覚（たとえば，第3章で述べる2種の知覚的群化）が生じる確率が50%ずつに釣り合う刺激条件を探す方法も

この型に属する。

 *R-R*型：質問紙法や心理検査（テスト）における複数の項目の反応間の相関などが分析される。条件は質問紙や試験問題であって，組織的な変化はなされないことが多い。同一の条件下で生じる複数の反応（R_1, R_2, ……R_i, R_j……）間の関連を相関係数や因子分析を用いて分析される（図 1.1 参照）。SD 法における尺度間の相関や因子分析も *R-R* 型の分析法である。

 知覚研究においては，SD 法は用いられても質問紙やテストは使用されることはまれであるが，現象学的観察もある意味で，*R-R* 型といえる。たとえば，第 3 章の図 3.1 のような，まったく同じ刺激図形に対して，現象報告中で，「形が見える」「輪郭線がある」「面が固く感じる」「前面に見える」などの反応が同時に起こり，同時に消える率が高い。そこで，それを「図」という概念でまとめ，それらの報告が生じにくい「地」の概念と対比される（Oyama, 1969）。

 さらに第 3, 4 章で述べる因果推定法も *R-R* 型の分析法である。

BOX 1.1　精神物理学的測定法における刺激-反応関係

 C. H. グラハム（Graham, 1950）は 19 世紀から使用されている精神物理学的測定法が，20 世紀初頭に生まれた行動主義的立場と両立できることを指摘した。前述のように J. B. ワトソンが唱えた行動主義は，刺激 S と反応 R の間の法則関係を明らかにすることを目標にしている（今田, 1994；大山, 1974）。(1.1) 式のように反応 R を刺激 S の関数としてとらえる立場といえる。

$$R = f(S) \tag{1.1}$$

 精神物理学的測定法では，観察者の反応が 2 つまたは 3 つの少数のカテゴリーに限定されていることが特徴的である。多くの場合，たとえば，光が見えたか否か，比較刺激が標準刺激より大きいか小さいかなどの 2 カテゴリーに限定されている（「不明」「等しい」を第 3 のカ

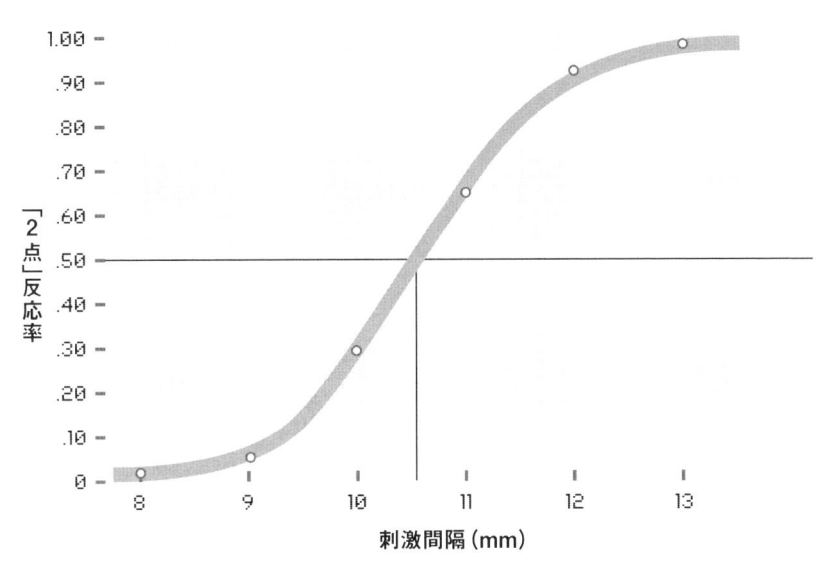

図1.2 触覚の2点閾の場合の精神測定関数の例 (Guilford, 1954)

テゴリーとする場合もある)。したがって、(1.1) 式の R のカテゴリーは (1.2) のように限定される。

$$R = \text{"Yes" or "No"} \qquad (1.2)$$

そこで、"Yes" 反応の出現確率を P_y として、たとえば、恒常法による光の刺激閾の測定の場合を例にとれば、光が見えたとする反応率 P_y を、テスト光の強度 I の関数として表せば、(1.3) 式のような**精神測定関数**(psychometric function)が得られる。

$$P_y = f(I) \qquad (1.3)$$

ここで刺激閾 I_t を肯定 (Yes) 反応の出現率が 0.5 となる刺激値と定義すると、$P_y = 0.5$ を (1.3) 式に代入して、(1.4) を満足する I_t を求めることになる。

$$f(I_t) = 0.5 \qquad (1.4)$$

図1.2 は、触覚2点閾の場合の精神測定関数を示したものである。この場合は、皮膚上の狭い間隔の2点を同時に刺激した場合、2点と答える反応の出現率が 0.5 となる間隔である2点閾の測定結果の

例である．光の刺激閾測定の場合もこれと似た精神測定関数が得られる．

グラフによれば，実際に反応 R を規定する独立変数にはさまざまあり，(1.1) 式は (1.5) 式のように一般化できるという．

$$R = f(a, b, c, \ldots n, \ldots, t, \ldots, x, y, z) \quad (1.5)$$

ここで a, b, c ……は刺激変数，n は提示回数，t は時間変数，x, y, z ……は生体内の要求などの実験的に制御しにくい変数を示すという．

感覚・知覚実験では複数の刺激変数が関与することが多い．たとえば，明るさの弁別実験では，背景の光の強度 I とテスト領域の背景との強度差 ΔI を系統的に変化して，テスト部分の明るさの差を知覚する反応率 P_y が測定される．その結果は (1.6) 式のような2個の独立変数をもつ関数として表される．

$$P_y = f(I, \Delta I) \quad (1.6)$$

ここで $P_y = 0.5$ の基準を満たす，2変数間の関係を求めれば，(1.7) のような刺激 - 刺激関数が得られる．S-S 型のデータとなる．横軸を背景強度 I，縦軸を弁別閾 ΔI として示すと，両軸とも刺激変数となる．

$$\Delta I_t = \Phi(I) \quad (1.7)$$

もしここで

$$\Delta I_t = kI \quad (1.8)$$

が成り立てば，ウェーバーの法則 $\Delta I_t / I = k$ となる．

このように，精神物理学的研究は伝統的に S-S 関係を追究してきた．本書で示される多くの図で縦軸，横軸ともに刺激値（物理的変数）を示しているが，これらは決して物理的データを示しているわけでなく，あくまで心理学的なデータである．観察者の反応は，$P_y = 0.5$ などの基準で消去されているので，最終結果に表れていないが，必ずデータの背後に存在している．

BOX 1.2　反応時間測定法

　ある信号が与えられてから反応が生じるまでの時間を**反応時間**（reaction time, RT）と呼ぶ。反応時間の研究は19世紀に始まり，当時から1000分の1秒単位で精密に測定された（大山，1994b，2005b）。F. C. ドンデルス（Donders）は，被験者に課す心理的課題の差異に基づく反応時間の差異から，心理過程に要する時間の測定を試みた。すなわち，単に，刺激が与えられれば必ず反応するという簡単反応時間，種々の刺激が次々に与えられ，そのうちの特定の刺激にだけ反応するという弁別反応時間，さらに刺激の種類に応じて異なった反応をする選択反応時間を測定したところ，簡単反応時間がもっとも短く，弁別反応時間がそれに次ぎ，選択反応時間がもっとも長いことを見出した。彼は弁別・選択反応時間それぞれと簡単反応時間の間の差異は，弁別や選択に要する心理過程の所要時間を表していると考えた。このような種々の課題の反応時間の差から，心理過程の所要時間を推察する方法は**減算法**（subtraction method）と呼ばれた。この方法はヴントによって，さらに連想や，判断などのより高次の精神機能にまで拡張され，19世紀末に盛んに使用され，**精神時間測定の時代**（age of mental chronometry）と呼ばれた。

　その後このような単純な加算的仮定で精神過程を考える方法は批判され，いったん衰微していたが，F. C. ドンデルス（Donders）が上記の研究論文を発表した1868年から100年を記念して，1968年に反応時間の国際シンポジウムが開催され，認知心理学の発展期とも重なり，再び反応時間研究が盛んになった。人の情報処理過程の所要時間を客観的に測定する手段として活用されている。

　認知心理学では，人の行う情報処理において，処理Aを済ませてから処理Bを行い，さらに処理Cを行うというように，段階的，系列的に，情報処理をしていると仮定できる場合に，この考えを適用し，さらに処理課題を組織的に多く複雑にしていき，それに伴って反応時

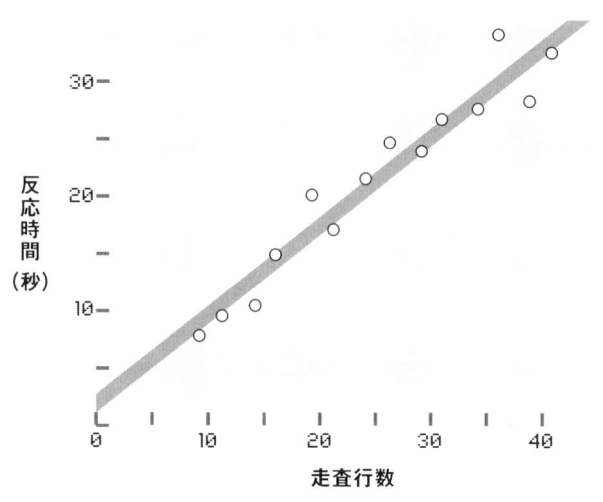

図1.3 走査行数と反応時間（Neisser, 1963）

間がどのように増加するかを関数的にとらえている。すなわち，課題の量または複雑さを独立変数とし，反応時間を従属変数として，その間を結ぶ関数関係から，情報処理時間を求めようとするのである。その結果，**図1.3**のような1次関数が得られれば，その関数の切片は簡単反応時間に，勾配は課題の1単位当たりの情報処理時間に相当すると推定される。

たとえばU.ナイサー（Neisser, 1963）は，1行6字ずつローマ字が不規則順に並んだ表を上から下まで順に探索して，ある特定の文字を見つけるまでの反応時間を測定した。その際，目標文字が何行目にあるかによって反応時間（RT）は**図1.3**のように直線的に増加した。(1.9) 式で表すことができる。この際，切片 (a) は簡単反応時間を示し，勾配 (b) は1行当たりの探索時間を示すと考えられる。N は行数を示す。

$$\text{RT} = a + bN \tag{1.9}$$

BOX 1.3　セマンティック・ディファレンシャル法（SD法）

　感覚印象の測定に**セマンティック・ディファレンシャル法**（Semantic Differential method，SD 法）が有効なことは，よく知られている。もともと SD 法は，アメリカの心理学者 C. E. オズグッド（Osgood）が，言語研究のために開発した方法である（大山，2005b）。主としてわが国で，この方法を色，形，語音，象徴語，音楽，映像，効果音など，感覚刺激が人々に与える感性的印象に適用され，その有効性を確かめられてきた。SD 法の特色は，「良い―悪い」のように価値的なものに限らず，多次元的に評価がなされることである。通常，**図 1.4** のような 7 段階評価を用いる。

　SD 法の結果を因子分析法で分析すると，一般に価値 E，活動性 A，力量性 P の互いに独立した 3 因子が抽出されるが，色・形などを対象とすると，力量性の因子が軽明性因子 L と鋭さ因子 S に分かれることもある。それらの 2 因子を含め，次の 4 因子にわたる 11 の尺度が，多くの感覚領域で共通して，有効であることが示された（大山・瀧本・岩澤，1993）。

　価値(E) 因子：良い―悪い，好きな―嫌いな，美しい―汚い
　活動性(A) 因子：騒がしい―静かな，動的―静的，派手な―地味な
　軽明性(L) 因子：軽い―重い，明るい―暗い，陽気な―陰気な
　鋭さ(S) 因子：鋭い―鈍い，緊張した―ゆるんだ

　このうち，価値（Evaluation）と活動性（Activity）は，オズグッド以来よく知られた 3 因子のうちの 2 つに相当するが，残りの 2 因子は，オズグッドの第 3 因子の力量性（Potency）が分化したものと推定される。ただし，軽明性は正負の方向が力量性と逆転している。

　なお SD 法で用いられるような評定法は，厳密には間隔尺度とは言えないが，多くの場合，近似的に間隔尺度と仮定して平均値やピアソンの相関係数が適用されている。

	非常に	かなり	やや	どちらでもない	やや	かなり	非常に	
緊張した								ゆるんだ
動的な								静的な
派手な								地味な
良い								悪い
陽気な								陰気な
好きな								嫌いな
明るい								暗い
騒がしい								静かな
美しい								汚い
鋭い								鈍い
重い								軽い

図1.4　SD法用紙の例

1.7　まとめ

1）心理学は19世紀後半にヴントにより「意識」に関する学問として出発した。「知覚」は意識の主要な側面であるが，ヴントが提唱した「内観法」は客観性が乏しく，適応範囲が限られているので，今日では知覚研究の方法とはされていない。

2）ヴントよりも早くフェヒナーにより提唱された精神物理学に起源をもつ精神物理学的測定法は，20世紀初めにワトソンにより提唱された行動主義的な方法論とも両立する客観的方法であることは，グラァムが指摘したところである。

3）人や動物に対する刺激Sと，それに対して人や動物が行う反応Rの関係は，ワトソンが言うほど簡単ではなく，トールマンやハルなどの新行動主義者は，その間に直接には観察できない仲介変数を仮定した。知覚は仲介変数の一つとして，研究することができる。これは入力と出力の関係から，その間にあるブラックボックスを推測する立場と共通

する。

　4）刺激 S- 反応 R 関係から，その間に挟まれた仲介変数としての知覚などを研究する方法は，S-R 型，S-S 型，R-R 型研究法に大別できる。S-R 型は，刺激に対する反応を測定する方法で，反応時間測定やマグニテュード推定法，セマンティック・ディファレンシャル法（SD法）などがその例である。S-S 型はあるクリティカルな反応（見える・見えないの境，等価反応など）が生じるための複数の刺激変数間の関数関係を求める方法で，精神物理学的測定法がその代表である。R-R 型は同一の刺激事態で生じる反応間の関連を調べる方法で，相関分析や因子分析がその代表的なものであるが，実験現象学的方法も，数量化はされていないが一種の R-R 型研究法と言える。これらの3種の方法が，相補い合って知覚研究に用いられている。

第2章

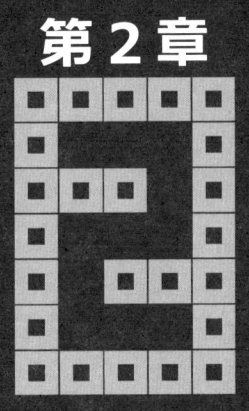

Mesurement of color perception

色の知覚の測定

2.1 光と色

「光線には色がついていない」とは I. ニュートン（Newton : 1642～1727）がその著『光学』（1704/1954）の中で述べている名言である。色というものは光の物理的性質ではなく，電磁波である光が人の目に入り，網膜の視細胞を刺激して，それが大脳に伝わって初めて生じる感覚であることを述べたものである。正確には可視光線は約 380～780 nm（ナノメートル，メートルの 10 億分の 1）の電磁波であり，眼球の奥にある網膜中の**錐体**と**桿体**と呼ばれる 2 種の視細胞が受容器であり，視覚神経系を経て大脳視覚領に生理的信号が達して視覚が生じる。錐体は色覚に関係し，桿体は明るさ感覚のみに関係する。

また刺激の強度があまりに小さいときには感覚は生じない。その下限の強度を**刺激閾**という。視覚の刺激閾は波長によって変化する。視野中の中心視（錐体による）では 555 nm 付近で最低になり（感度が鋭くなり），それより長波長側も短波長側でも刺激閾は上昇する（感度が鈍くなる）。暗所に長くいて，暗順応した後に視野の周辺で見た場合（桿体による）では，全般に刺激閾は視野の中心で見た場合（錐体による）より低く，510 nm 付近で最低となる（ただし中心視の刺激閾に達するまでは明るさのみ感じ，色は見えない）（大山，2009）。

2.2 混色

よく知られているように，ニュートンはプリズムを使い太陽の光線を分散させて，それらのスペクトル中に 7 色に見える光が含まれていることを示した。彼は，さらにそれらの分散した光をレンズで集めると白色光に戻ることを見出した。また，それらの光のうちの一部（たとえば，赤く見える光と緑色に見える光）を混合すると別の色（たとえば，黄色）に見えることを発見した。この現象を**混色**（color mixture）と呼ぶ。後のヤング - ヘルムホルツ（Young-Helmholtz）の 3 色説やカラーテレビなどの色再現技術の基礎となっている。

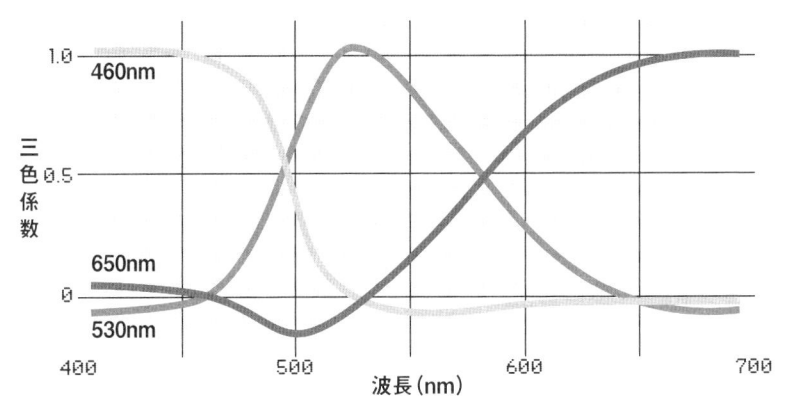

図2.1 スペクトル3色係数（Wright, 1946）

その後20世紀に，W. D. ライト（Wright）は，このような色光による混色の実験を，より近代的な光学的装置を用いて精密に行った（側垣, 2009）。彼は650 nm（赤），530 nm（緑），460 nm（青）の3種の単色光（波長幅の狭い純粋な光）を種々の比率で混合した光を，400〜700 nmのさまざまなスペクトル光と隣接して提示して，多くの観察者に比較させて，**図2.1**のような結果を得た。横軸は比較に用いた単色光を示し，3本の曲線はそれらと等しい色に見えた混色光における3色の混合率（**3色係数**）を示している。

なお，以上に説明した混色は光の混合で生じた混色であり，絵具の混合で生じる混色（減法混色）と区別して**加法混色**と呼ぶ。加法混色は，放射状に色分けした独楽や回転円盤の混色器のように短時間内に継時的に提示する場合や，点描画やテレビやコンピュータ画面のように空間的に密接して点状に分布させる場合にも生じる。

コイとサルにおける混色の実験

これまで述べたのはあくまで人間の目における混色である。はたして動物の目でも混色が生じるであろうか。動物の種によっては色の弁別が困難な種や，昆虫のように人間には見えない色が見えるものもある。比較的人間に近い色覚をもつと推定され，色覚の生理学的研究にも用いら

れている魚類のコイと霊長類のサルについて混色の実験を行った。その方法と結果について述べる。

大山と實森正子（Oyama & Jitsumori, 1973）はコイを用いて混色の実験を行った。魚に色名を尋ねたり，2つの光が同じに見えるか否かを言葉で答えてもらうわけにはいかない。行動で示してもらう必要がある。そのためにはまずその訓練をする必要がある。色光の弁別訓練である。水槽内に**図2.2**のような装置を作った。中央に浅瀬（ハードル）があり，左右に分かれ，左右対称となっている。干渉フィルターを通して得られた波長幅の小さい単色光が水槽の両端から提示される。コイはその色の違いに従い，中央の浅瀬を渡って反対側に行くか，浅瀬を渡らずにいるかしないと，罰として水槽内の電極を通して電気ショックが与えられる。訓練時には色光が黄色（約575 nm）の単色光の場合は，5秒以内に浅瀬を渡らないと電気ショックが与えられる。逆に色光が赤（約

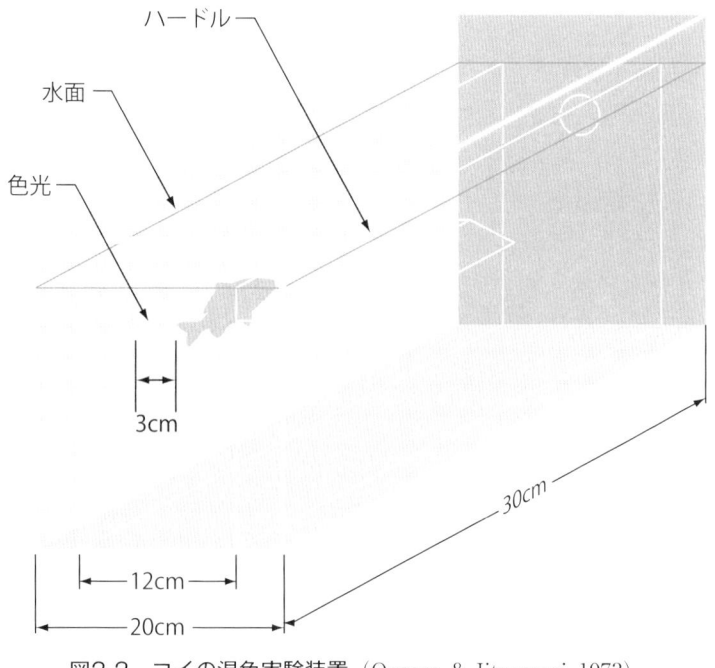

図2.2　コイの混色実験装置（Oyama & Jitsumori, 1973）

645 nm）か緑（約530 nm）の場合は浅瀬を渡ると電気ショックが与えられる。罰を避けるためには，黄色光の場合は浅瀬を渡り，赤光や緑光に対しては渡らないようにしなければならない（回避訓練）。この訓練を12匹のコイに1日10試行ずつ行ったところ，11匹は24～50日で訓練が完成した。コイたちは黄色光を赤色光や緑色光から弁別ができたのである。しかしこの事実はコイが人間と同じような色を感じていることを意味するわけでない。

次に，10日間のテストに入る。テスト期には毎日20試行が行われ，そのうちの5試行では3種の強度の黄色光が与えられ，訓練期と同じように浅瀬を渡らないと，電気ショックが与えられる。また3試行ずつでは赤色光か緑色光が提示され，浅瀬を渡ると電気ショックを受ける。これらは訓練試行で，弁別反応を保持するための手続きである。残りの9試行はテスト試行で，15～85％までの9種の混合率の赤・緑の混合光が提示される。このテスト試行の際にはコイの反応いかんにかかわらず，電気ショックは与えられない。新たな学習を生じさせないためである。これらの試行はランダム順に与えられる。色光の混合は積分球という，

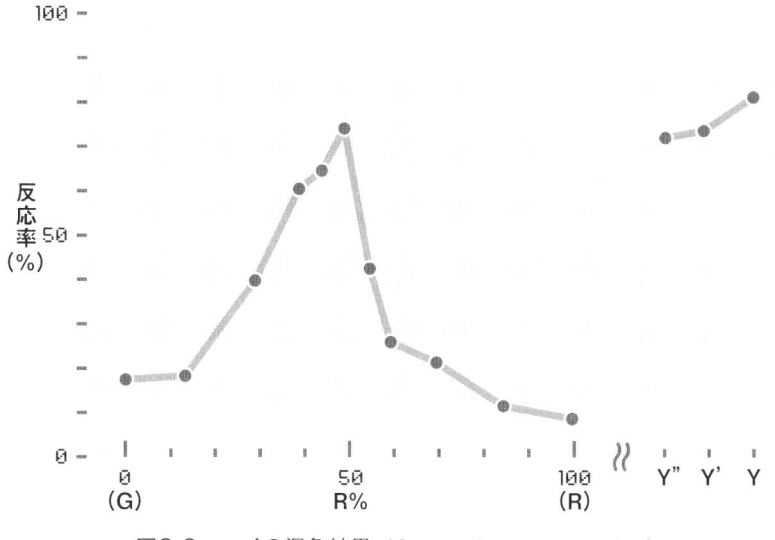

図2.3　コイの混色結果（Oyama & Jitsumori, 1973）

内面が純白な球体を用い，その正方形の窓（入口）を赤と緑の干渉フィルターで覆い，そこに平行光線を当てる．2種のフィルターを通して積分球内に入った光は，球内で乱反射して混ざり，入口に対して直角方向にある出口より水槽内に提示される．2種のフィルターは左右に移動可能で，その積分球の入り口を覆う面積比によって，2色光の混合比を変化させた．したがって，混合率の単位はこの実験装置に限った任意なものである．

図2.3はテスト結果である．横軸が赤緑の混色率で，縦軸がテスト試行中の平均反応率を表す．混色比が50%のときに反応率が最大で，混合比が0と100%すなわち緑単色光と赤単色光の場合に最小になる山型をしている．ここでいう反応率とは，浅瀬を渡る反応，すなわち黄色光に対して訓練された反応の出現率である．図の右端は，3段階の強度の黄色光に対する反応率である．黄色の明るさ（強度）にかかわらず高い反応率を示している．

ところで，混色率が50%の赤緑の混合光に対して，コイが赤や緑に対する反応とは違う，黄色光に対するのと同じような反応をしたということは，コイも赤と緑の混合光を黄単色光と同じように知覚している，すなわちコイでも混色が成立すると推定できるのではあるまいか．なお，この同じ装置で得られた赤緑混合光を10名の色覚正常者に見せて，黄色味を評価してもらったところ，やはり50%の混合光をもっとも黄色味があると評定した．

次に，大山と古坂哲厳と木藤恒夫（大山・古坂・木藤，1979）はニホンザル2頭とアカゲザル2頭に対して，図2.4に示すような実験装置で，色の混色の実験を行った．今度は，赤か緑と黄の2種の単色光を左右のアクリル板製タッチパネルに，背後からランダムに左右位置を交替して投射して，サルが黄色側をタッチすると，干しブドウを与える同時弁別訓練法を用いた．コイの実験と同じ干渉フィルターを用いたが，積分球を用いず，左右3台ずつのプロジェクターを用いたので，色光の純度はコイの実験より若干低下している．1日24試行ずつ，左右の色光の明るさを灰色フィルターと偏光フィルターを用い3段階にランダム順

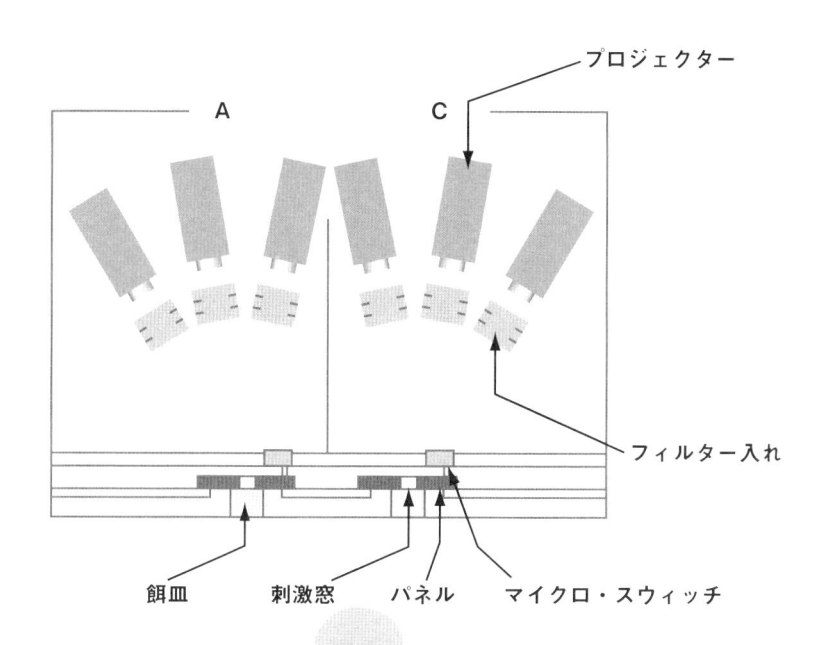

図2.4 サルの混色実験装置（大山・古坂・木藤, 1979）

に変えながら訓練した。明るさを手掛かりに弁別しないための配慮である。サルたちは7〜18日で弁別訓練を終えた。テスト期では，赤と緑の単色光と赤・緑の9種の混合光を，それぞれ3段階の明るさの黄単色光と対にして，1日33試行，10日間続けられた。黄色光の左右位置はランダムに変えられた。テスト期間中も黄単色光に対する反応は干しブドウで強化された。

図2.5にテスト結果を示す。上部にはアカゲザル2頭とニホンザル2頭の結果が，下部には正常色覚者4名と2型異常3色覚（第2色弱者）2名と1型異常3色覚（第1色弱者）1名の結果を示している（**Box 2.1**参照）。横軸は赤緑混合率を示し，縦軸にサルの場合は誤反応率を

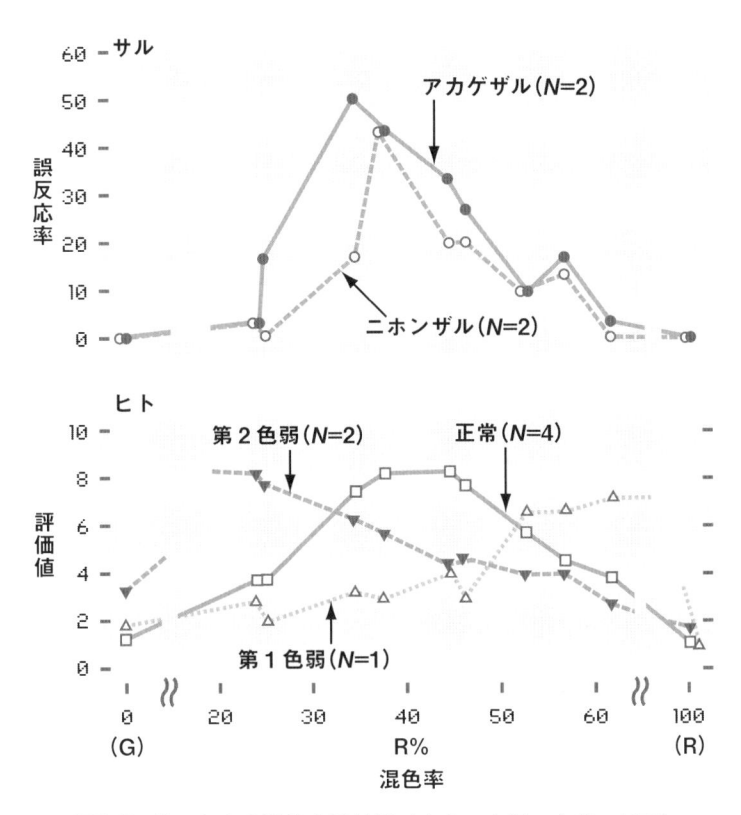

図2.5 サルと人の混色実験結果（大山・古坂・木藤，1979）

人の場合は左右の色の類似度の評価値（1〜10）を示す。この混色率は，赤・緑成分の輝度比で表され，前述のコイの場合の混色率とは異なる。サルの場合は黄色側を押すと餌がもらえる訓練をしているので，赤や緑に対しては反応しないはずである。それなのに赤と緑の混合光には反応（誤反応）するのは，赤・緑混合光に黄色味を感じているためと推測される。とくに混合率35%付近では誤反応率が偶然率の50%にも達する。これは同時に並べて提示された黄単色光と赤・緑混合光の区別がついていないことを意味する。すなわち赤と緑の混合光を黄と同じ色に感じていることが推定される。人の場合は，左右の色の類似性の評定値が示されていて，これが高いほど，純粋の黄色光と赤と緑の混合光が似

て感じられていることを示している。色覚正常者では40%の混合光をもっとも黄色と似て感じていることがわかる。ピークの位置がサルの結果とわずかに違うが，大体同じである。第1，第2色弱の結果では，この実験で用いた混色範囲では，誤反応率のピークが現れていない。異常3色覚（色弱）の場合，色覚正常者と同様に，すべての色との等色を得るためには，赤・緑・青の3色の混色が必要で，その意味で3色覚（3色型色覚）と呼ばれるが，その混合率が正常者と異なる。また1型と2型では赤と緑の優位度が異なっている。この実験結果でもそれが現れている。この実験は色覚検査に用いられるアノマロスコープ（anomaloscope）と似た実験事態といえる。

　以上のように，コイやサルでも弁別訓練法を用いれば，混色の実験も可能である。この種の実験では，人の場合も，実験のやり方の説明や反応の仕方に言葉を用いるが，"あか"，"き"，"みどり" などの色名は原則として実験中に用いない。あくまで，2つの色が似ているか否か，あるいは類似の程度を答えてもらう。色名は，それぞれの過去経験で覚えたもので，それぞれの個人によって意味内容が異なるからである。

BOX 2.1　色覚の分類

　多くの人（正常色覚者）は赤，緑，青の3色を感じて色を見分けているが，なかにはこのうち2色しか判別できない人や，ごくまれであるが明暗しか判別できない人もいる。このような状態を色覚異常という。日本人の男性の約5％，女性の0.2％は先天性の色覚異常である（大山，1994a；北原，1994, 2003）。ほかに種々の原因による後天性色覚異常がある。

　これらの正常色覚と先天性異常色覚は，色の弁別能力と混色の生じ方に応じて次のように分類される（日本医学会，2007）。3色覚，2色覚，1色覚（旧名：3色型色覚，2色型色覚，1色型色覚）は混色に必要な基本色の数を示している。また同じ3色覚であっても，人口の

多くを占める正常色覚と異常 3 色覚では同じ単色光と等しく見えるための混色比率が異なる。

　3 色覚（旧 3 色型色覚）：3 色を区別でき，3 色の混色で当人が感じるすべての色がつくれる。

　　　正常色覚（旧正常 3 色型色覚）
　　　異常 3 色覚（旧異常 3 色型色覚）
　　　　1 型・2 型・3 型 3 色覚（旧第 1・第 2・第 3 色弱）

　2 色覚（旧 2 色型色覚）：2 色の混色で当人が知覚しているすべての色をつくれる。

　　　1 型 2 色覚（旧第 1 色盲，赤色盲）（赤と緑の区別が困難）
　　　2 型 2 色覚（旧第 2 色盲，緑色盲）（赤と緑の区別が困難）
　　　3 型 2 色覚（旧第 3 色盲，青色盲）（青と黄の区別が困難）

　1 色覚（旧 1 色型色覚，全色盲）：色の区別はできず，明るさの区別のみ可能（出現率は低い）。

　　　錐体 1 色覚（旧錐体 1 色型色覚）（視力低下がない場合もある）
　　　桿体 1 色覚（旧桿体 1 色型色覚）（視力が低い）

　ここで，1 型，2 型，3 型とは色覚のタイプを示す。3 色覚にも，2 色覚にも 1 型，2 型，3 型があり，まとめて，1 型色覚，2 型色覚，3 型色覚（旧第 1・第 2・第 3 色覚異常）と呼ぶ。3 型色覚はきわめてまれである。比較的多いのは 2 型色覚である。1 型・2 型色覚はともに赤と緑の区別が困難であるが，1 型色覚はスペクトルの赤部分に対する感度が低く，暗く見える。2 型色覚は分光感度曲線では正常者とさほど変わらない。1 型・2 型 3 色覚は赤と緑の区別は可能であるが，その違いは青黄間の違いほど明瞭ではない。

　色覚異常の検査には石原式色覚検査表が有名である。精密検査にはアノマロスコープ（anomaloscope）が用いられる。アノマロスコープの原理は，黄単色光と赤緑混色光が等しい色に見えるための混色率を求める等色検査である。

2.3 色の3属性

たとえば，視覚における赤と緑の色相の違い，明るさの違いなど，同じ感覚の中でも性質の違いがある。これを**感覚の属性**（attribute）という。感覚の属性には色相の差のような**感覚の質**（quality）と明るさの差のような**感覚の強さ**（intensity）がある。

色覚の場合は**色相**（赤・橙・黄・緑・青・紫などの色調），**明度**（明るさ），**彩度**（鮮やかさ）の3つの次元に沿って変化する。これらを色の3属性という。この3属性のうち，色相は波長，明度は光の強度（光の輝度または物体表面の反射率）に，彩度（飽和度ともいう）は純度という光刺激の特性（分光成分が特定の波長に集中している程度）にほぼ対応する。色相は感覚の質で明度と彩度は感覚の強さの例である。スペクトルの両端の赤と菫の間にスペクトル中にはない色相である紫をはさんでつなげて円環状に並べると，すべての色相を表す色円ができる。さらにその円の中央を垂直に貫く軸をつけて，その軸上の高さで明

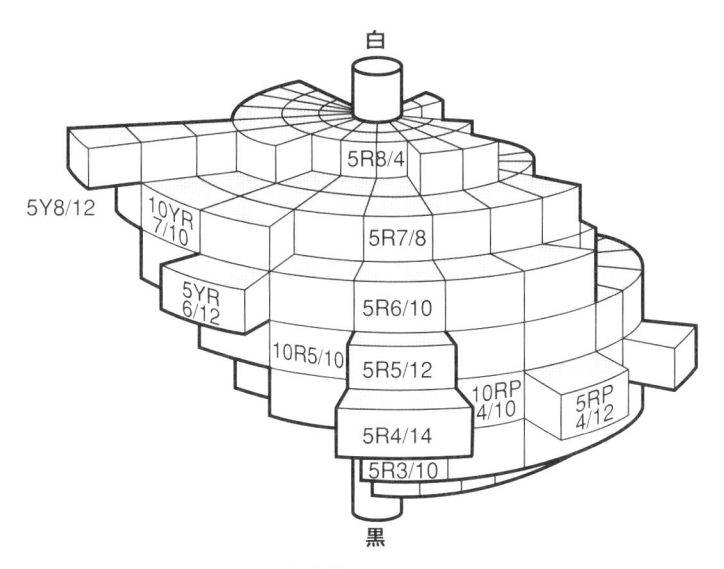

図2.6 マンセルの色立体（Bond & Nickerson, 1942）

度を表し，円の中心からの距離で彩度を表すと，円筒座標系によってすべての色を3次元空間中に配置することができる。これを**色立体**（color solid）と呼ぶ。たとえば，**図2.6**のマンセルの色立体はその例である。なお，この色立体の中心を貫く黒-灰-白を**無彩色**（achromatic colors）と呼び，その他の色づいた色をすべて**有彩色**（chromatic colors）と呼ぶ（大山，1994a, 2009）。

色立体の妥当性の実験的検証

このような色立体は直感か理論によって作られたもので，色立体中の距離がはたして色の感覚的な差異に忠実に対応しているか疑問である。印東太郎ら（Indow & Kanazawa, 1960）はマンセル明度が5と7で，種々の色相と彩度をもつ24の小色票を用い，それらのすべての組み合わせについて，その2色間に感じられる色の違いを，4名の色覚正常の観察者に，明度が異なった2つの灰色色票間の見えの差異を標準として，空間的距離として表現させた。その結果をW. S. トーガーソン（Torgerson, 1958）の多次元尺度法を用いて解析したところ，マンセル色立体に近似した3次元空間が構成された。ただし，色相間の間隔はややマンセルと異なっていた。

大山ら（大山，1992；大山・宮埜・山田，2002）は長澤和弘の協力を得て，色覚正常者4名と1型異常3色覚者（第1色弱者）1名，2型異常3色覚者（第2色弱者）4名を観察者として，4種のガラスフィルターと積分球で得られた，輝度が等しく純度が比較的高い9色（赤R，橙O，黄Y，緑G，青緑2種，青B，青紫BP，紫P）を用い，それらのすべての組み合わせについて，2つの色光を直径が視角（観察者の目に対してなす角度）45分の2個の円形窓（中心間隔1度45分で水平に並ぶ）に提示して，その間の感覚的な色の違いを，2個の白色光の明るさの差異を基準（10）とし，マグニテュード推定法（2.5参照）を用いて，数値として報告させた。その結果を，各座標軸の重みが個人により異なるというモデルに基づくALSCAL法（高根，1980）の非計量的多次元尺度法で解析した。

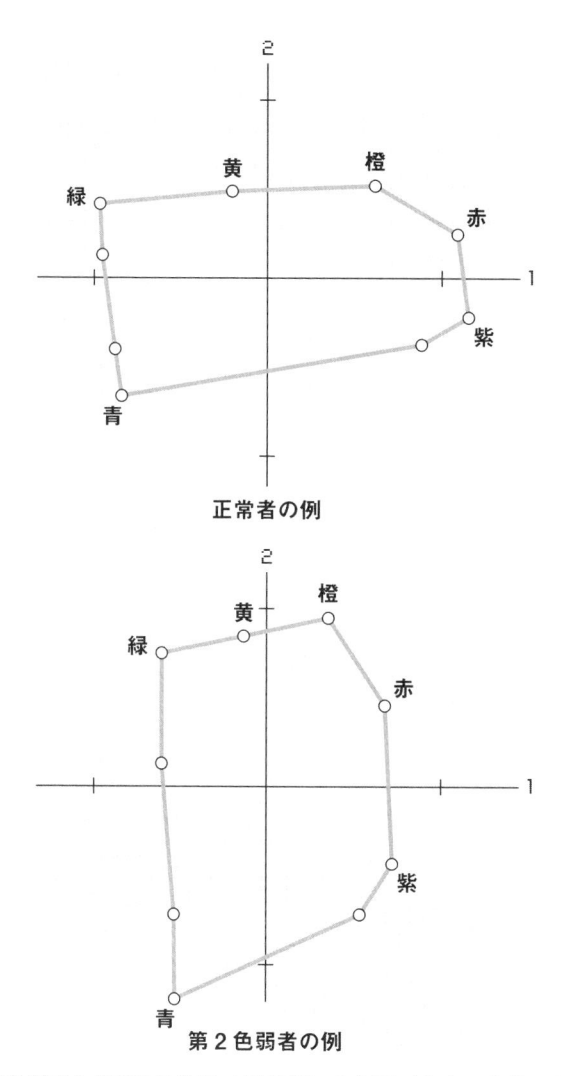

図2.7 正常色覚者と異常3色覚者（色弱者）の色円（大山・宮埜・山田, 2002）

　その解析結果の典型例が**図2.7**に示されている。第1次元はほぼR-G（赤-緑）軸に対応し，第2次元はB-Y（青-黄）軸に対応している。正常者（N）に比べて2型異常3色覚者（第2色弱者）（D）では，第1次元が第2次元に比較して圧縮されている傾向がみられる。また個

人によりその程度が異なっていた。これらは一種の色円に準じる多角形であるが，異常3色覚者（色弱者）においては赤-緑の感覚的差異が青-緑間の感覚的差異に比べて小さくなっていることを推定させる結果である。なお，2型色覚者は視感度曲線が正常視覚者とほとんど変わりないので，正常色覚の視感度を基準に等輝度に調整された各色光を，ほぼ同じ明度に知覚していると推定される。

2.4 明るさと色の順応

　暗い室内から急に戸外に出ると，はじめは非常に明るくまぶしく感じられるが，次第にそれらの明るさに慣れてくる。また，色つきのサングラスをかけたときは外界がその色に色づいて見えるが，次第に普通に見えてくる。その後サングラスをはずしたときには，しばらく外界がサングラスの色の反対の色（補色）に見える。これらは明るさと色の**順応**（adaptation）である。

　明るさに対する順応を**明順応**（light adaptation）と呼ぶ。これは明るさ感覚が次第に鈍感になっていくので，上述の意味での感覚の順応である。他方，暗いところに移動して次第に視感度が増して，視覚の閾値が下降していく過程を**暗順応**（dark adaptation）と呼ぶ。この過程は上述の意味では順応からの回復の過程に相当するが，習慣的に暗順応と呼ぶ。色順応も時間とともに進行する過程であり，はじめは急速に，次第に緩やかに進む。

　明るさ，色の順応は左右の目に別々に生じる。片目に眼帯をかけたとき，それが体験できる。この事実から，明るさと色の順応は目の網膜中の視細胞の感度の変化によることがわかる。視野の局部的な色順応によって，色がまったく感じなくなることは少ない。しかし，視野全体を同じ色で満たすと，完全にその色に順応して無色に感じられる場合もある。この点からも色順応は網膜過程のみによるとは言い切れない（大山，1984，1994a）。

2.5 光の強度と明るさ

たとえば，はじめは暗黒であった部屋の照明用光源のスウィッチを1個，2個，3個，4個……とひとつずつ点灯していった場合，最初はパッと明るく感じ，点燈数が増えるとともに急激に明るくなるが，次第に感じられる明るさの増加は緩やかになっていく。このように，人間が感じる明るさは，物理的な光の強度には比例しない。紙の反射率と感じる明るさについても同様である。反射率10％，20％，30％，……90％の紙の明るさを比較してみると，反射率は等間隔に変化しても，感じる明るさは等間隔には変化しない。はじめは10％から20％への10％の反射率の増加でも大きく明るさが変化するが，80％から90％への10％の増加は明るさをさほど変えない。反射率20％ほどで心理的には白と黒の中間の灰色に達する。反射率50％なら明るい灰色である。

このように物理的な強度と心理的な感覚の強さが比例しないことに気づき，その間をつなげる関数関係を求めようとしたのがG. T. フェヒナー（Fechner：1801～87）である（大山，1994ab, 2005a）。彼より少し前にE. ウェーバー（Weber）が重さの弁別閾の実験をし，人がやっと区別できる最小の重量の差，すなわち弁別閾ΔIが，その際に比較の標準とした重量Iに対する比率が一定である（$\Delta I / I = C$）という関係が成り立つことを見出した。感覚の強さの弁別に関する**ウェーバーの法則**である。この法則は種々の感覚で近似的に成立するが，定数Cの値は感覚により，比較条件により，また個人により異なる。また，標準刺激の値が大きく変化すると，この法則が成り立たない場合もある。

このウェーバーの法則に注目したフェヒナーは，この法則が「刺激の一定比率の増大が感覚の一定の増加に対応する」ことを示すと考え，これを数学的に発展させて「感覚の強さは刺激強度の対数に比例して増大する」という**フェヒナーの法則**を1860年に提唱した（**図2.8**）。この法則に従えば，たとえば，刺激の強度を1, 2, 4, 8, 16,……のように等比数列的に上昇させると，感覚の強さは等しいステップで等差数列的に上昇することになる。しかし，このフェヒナーの法則は経験的法則というよ

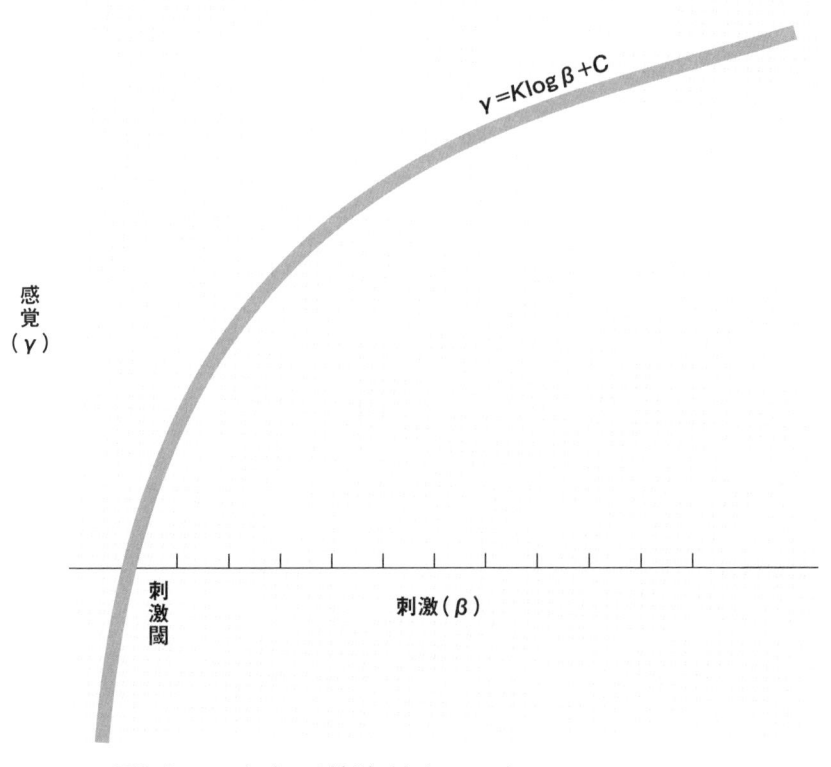

図2.8 フェヒナーの法則 (大山, 1984)
γが感覚の大きさ, βが刺激の強度, Kが定数を示す。

りも仮説であり，その一般性については疑問がある（大山, 1994b, 2005a）。

　フェヒナーの法則にはさまざまな批判がある。そのひとつが，フェヒナーの法則が感覚のごく小さい差異である弁別閾を媒介として作成した感覚尺度で，大きな感覚の違いの比較に基づいていない点である。そこで，もっと大きい差がある感覚の強さを比較する方法を用いて感覚の尺度を作ったのがS. S. スティーヴンス（Stevens, 1962）である。彼は感覚の大きさを，それを感じている人に，直接に数値で表現してもらう方法

を用いた。たとえば，観察者に，この明るさは「7」であるとか，この痛さは「15」であるとかと答えてもらう方法である。きわめて主観的であり，信頼がおけるか疑問に思う人が多く，長らく正式に心理学実験に用いられなかったが，スティーヴンスがこの方法を用いて組織的な研究をして，その安定性が認められ，**マグニテュード推定法**（magnitude estimation）と名づけられ，広く用いられるようになった（相場，1970）。通常は標準となる刺激（モデュラス，modulus と呼ばれる）を与え，それを「10」としたときに，他の刺激はいくつに相当するかを数値で答えることを求める。彼が種々の感覚に対してこの方法を適用したところ，多くの感覚で次式のようなべき関数が成立した。$\psi = kI^b$ ここでψは感覚の大きさ，kは定数，Iが刺激の強度，bがべき指数（exponent）の値である。感覚の大きさψが刺激強度Iのb乗に比例して増大することを意味する。これは**スティーヴンスの法則**と呼ばれる。bの値は感覚によって異なるが，明るさでは 0.33 とされる。

　しかし，スティーヴンスが提唱したマグニテュード推定法は，彼自身の分類による比率尺度や間隔尺度（1.5 参照）に該当しない恐れがある。マグニテュード推定をする評価者がもっている数の体系が数学的なものでなく直観的なもので，それ自体が心理学的研究の対象になるものであるからである（Oyama, 1968a；大山，2005a）。

2.6　明るさ対比と色対比

　強度の異なった 2 つの刺激が，同時または継時的に提示されると，それらの感覚の大きさの差が強調されて感じられることがある。たとえば，**図 2.9** の左右の灰色の円は本来同じ灰色なのに，白の背景に囲まれた場合は黒の背景に囲まれた場合よりも暗く感じられる。**明るさ対比**（brightness contrast）である。一般に明るさ対比は，主に，明るい周囲がそれより暗い部分の明るさをさらに暗く見せる，抑制的効果に基づいている。

　また，同じ灰色部分を色の背景の上に置くと，背景と反対の色に淡く

図2.9 明るさ対比

色づいて見える。たとえば,赤に囲まれると灰色部分が淡く緑に色づいて見える。また,青の背景に囲まれると少し黄色に色づいて見える。**色対比**(color contrast)である。また,囲まれた部分が灰色でなく,有彩色の場合にも,背景の補色に色づいて見える。ともに背景との差異が強調されるのである(大山,1994a)。

　一般に,背景(誘導)領域が大きいほど,また明るいほど,彩度が高いほど,また時間的空間的に近接しているほど,対比は大きく生じる。空間的間隔が増大すると対比は減少するが,間隔が視角で数度に達してもなお対比が認められる(大山,1984)。

　色対比に関してはJ. A. S. キニィ(Kinney, 1962)は,プロジェクター式色彩計を用いて,スクリーン上に視角が縦5度×横0.5～2度の白色の矩形検査領域とその左右に,赤,黄,緑,青の半円形の誘導領域を設定し,またそれらの右側の暗黒背景中に比較領域を提示した。観察者は,検査領域と比較領域を見比べながら,まず色相と明るさが等しく見えるように比較領域の波長と輝度を調整してから,恒常法で両者の彩度の大小を比較判断した。その結果では,検査領域は誘導領域の補色を帯びて見えることを示した。たとえば,赤の誘導領域に対しては,白色検査領域は黄緑を帯びて見えた。そしてこの効果は,誘導領域の輝度が高いほど,面積が大きいほど,また純度(彩度)が高いほど,大き

かった。

絶対判断に基づく色対比の実験

秋田宗平ら（Akita, Graham, & Hsia, 1964）は，外径が視角30度の円形誘導領域に囲まれた直径4度の円形検査領域に対して，検査領域にはモノクロメーター，誘導領域には干渉フィルターを用いて，波長幅が狭く純度の高い単色光を提示した。ともに光学系により観察者の目に集光して直接的に提示するマックスウェル視システムを用いた。観察者は直径2.5 mmの人工瞳孔を通して単眼で観察した。人工瞳孔の使用は，観察者の目の瞳孔の拡大収縮に影響されずに，網膜に到達する光量を一定に保つためである。

彼らの実験では，比較領域は用いず，検査領域の色を絶対判断して，各観察者にとってもっともよい赤，黄橙，橙，黄，黄緑，緑，青緑，青，または菫色に見えるように，観察者自身がモノクロメーターを遠隔操作して検査領域の光の波長を調整した。誘導領域がない周囲が暗黒の場合（対照条件）の調整値と誘導領域がある場合（実験条件）の調整値の差をもって，色対比量を表した。たとえば，周囲が暗黒の場合にもっともよい黄色と見える波長が580 nmであった場合，赤い誘導領域に囲まれると，もっともよい黄色と見える検査野の色光が590 nm（通常は黄橙に見える波長）に変わったならば，その差10 nmは，色対比によって緑味を帯びた検査領域を補正するための調整値と考えたのである。彼らの結果では，波長補正の方向は一般に誘導光の波長側を向いていた。すなわち，色対比により，誘導光の色から遠ざかる方向に色が変化して見え，それを補正するために逆に誘導光の波長の方向に検査光の波長を調整させたと考えられた。

大山とY. シャー（Oyama & Hsia, 1966）は，秋田らの実験装置を引きつぎ，ほぼ同じ条件下で，新たに誘導・検査領域の間に6段階の幅の暗黒の円環領域を挿入し，両領域間の空間間隔（暗黒円環の幅）の色対比に及ぼす影響を調べた。ただし，絶対判断により調整する検査色は赤，黄，緑，青の4色に限定した。その結果では，**図2.10**に1名の観察者

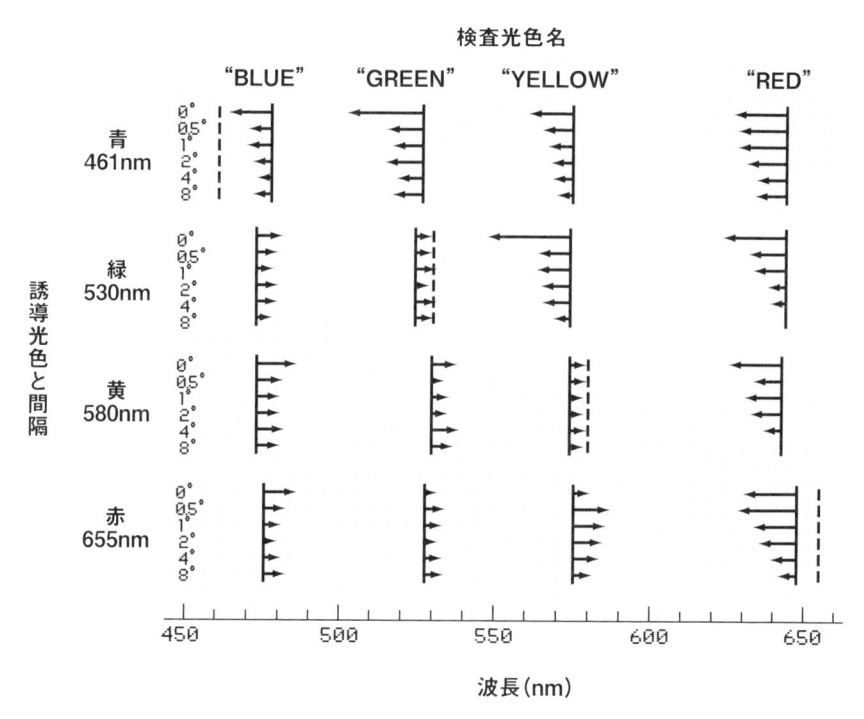

図2.10 誘導光・検査光を単色光としたときの色対比における誘導領域・検査領域の間隔の効果の例（Oyama & Hsia, 1966）
実線は誘導領域がない場合の結果．矢印の先端が誘導光がある場合，破線が誘導光の波長を示す．

の例を示すように，誘導・検査領域間間隔が大になるほど，色対比の影響は減少するが，間隔が視角8度に達してもなお対比効果が認められた．なお，この実験における誘導・検査領域の輝度はそれぞれ8, 4 ミリランベルト（25.5, 12.7 cd/m^2）（淵田，1994, 一条，2003）であり，2名の観察者間の視感度の個人差を補正するため，あらかじめフリッカー測光法を用いて両観察者の視感度曲線を測り，それに基づいて，色相変化にかかわらず同じ明るさを保つように補正をした．

秋田らや大山らの研究では，「もっともよい赤」などの絶対判断を観察者に求めるものであり，観察者の過去経験や主観が介入しやすい恐れがある．しかし，両研究とも周囲が暗黒の対照条件と誘導色で囲まれて

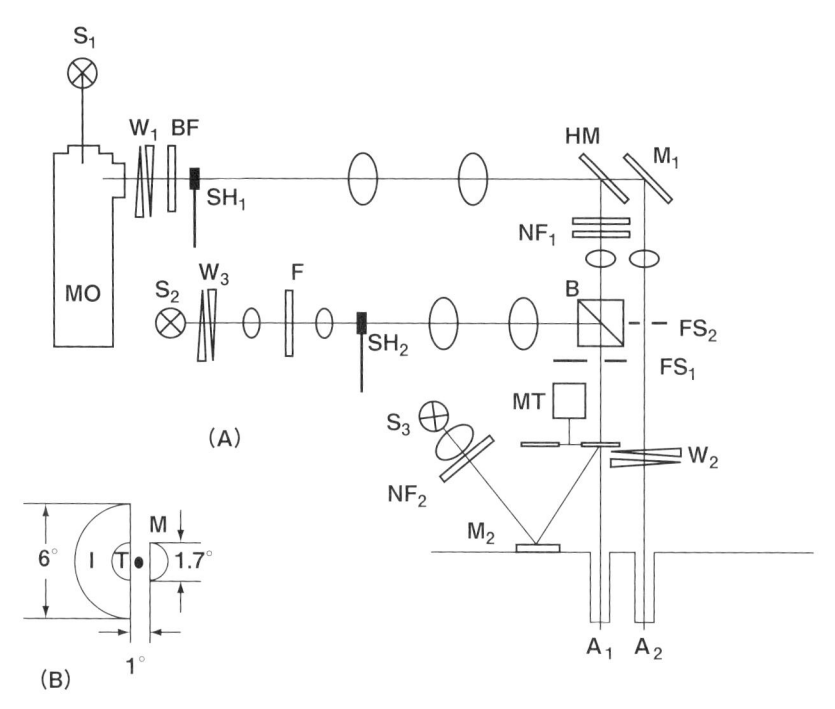

図2.11 色の対比条件下の明るさ対比の実験装置（Oyama, Mitsuboshi, & Kamoshita, 1980）

いる実験条件下での，同じ観察者の調整結果の差について，個人別に分析しているので，その間に観察者の判断基準の変動がなければ，客観性を保ちうると考えられる。

色彩領域間の明るさ対比の実験

一般に，明るさ対比の問題は**図2.9**のような白・黒図を用いて説明され，無彩色（白‐灰‐黒）の刺激を用いて実験されることが多いが，有彩色の領域間でも，明るさ対比が生じる。

上記の大山らの色対比の実験中に自分自身で観察者を務めた際に，大山は，誘導・検査領域の色が類似している条件下で，明るさ対比がとくに大きく現れ，誘導領域より輝度が低い検査領域が暗く感じることに気

付いた。この点を組織的に測定するため，大山と三星宗雄と鴨下隆志（Oyama, Mitsuboshi, & Kamoshita, 1980）は次のような実験を行った。彼らは**図2.11**（A）のような2経路のマックスウェル視の光学系を用い両眼に別々に刺激を提示した。その際に左右眼とも直径2 mmの人工瞳孔（A）を使用した。すなわち左眼には図2.11（B）のような左半円形の検査領域（T）とそれを囲む半円環形の誘導領域（I）を提示し，右眼には右半円形の比較領域（M）を暗黒の背景上に提示した。注視点は両眼に別々に提示され，それを観察者が同時に注視することにより，両眼像が融合し，図2.11（B）のような像が見える。検査・比較領域にはモノクロメーター（MO）を用い，青から赤に至る462〜610 nmの5種の波長をもつ単色光が提示される。検査・比較領域の提示光は共通の単色光を半鏡（HM）で分けたもので，まったく同じ分光分布をもち，そ

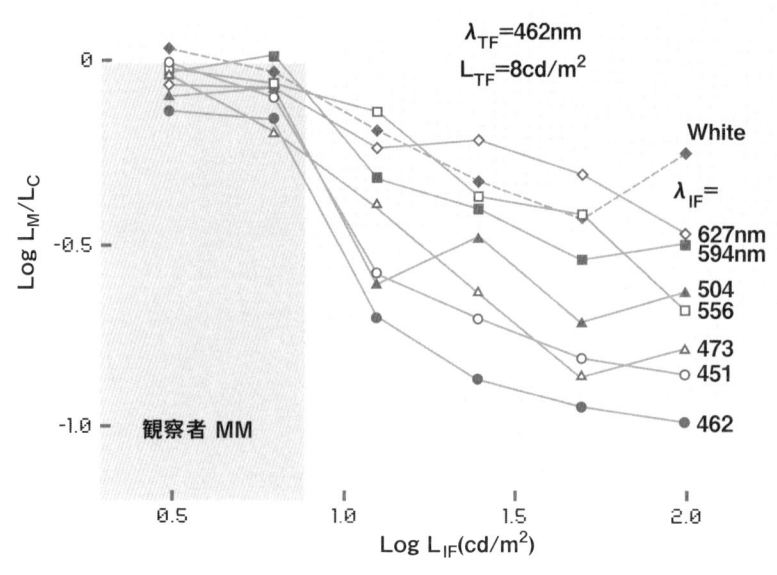

図2.12　色対比条件下での明るさ対比の結果例（Oyama, Mitsuboshi, & Kamoshita, 1980）
横軸が誘導光の輝度の対数，縦軸が対比量の対数を示す。

の輝度のみ灰色フィルター（NF）と楔型フィルター（W）で調整される。誘導領域には別の光源から発し干渉フィルター（F）を通して得られた 451～651 nm の 8 種の波長の単色光が提示される。検査領域の輝度は 8 cd／m^2 に一定に保たれ，誘導領域は 3.1～100 cd／m^2 の 6 段階に変えられた。2 名の観察者は，各種の誘導領域条件で，比較領域の明るさが検査領域と同じに感じられるように，楔形フィルターを調整する。調整法による 6 回の調整の結果の平均をデータとした。毎回の実験セッションで，7 分の暗順応後に一定の検査波長条件下で調整がなされた。なお，各使用波長の輝度は観察者別にフリッカー測光法で調整された。

図 2.12 に結果の一例を示す。検査領域の波長 462 nm に対する 7 種の波長の誘導光の輝度の効果を示している。すべての誘導光で明るさ対比が生じ，検査領域の明るさが低下し，それと同じ明るさに見えるように調整された比較領域の輝度が低下している。一般に誘導光の輝度の増大とともに対比効果が大きくなることが示されているが，検査領域と同じ波長の 462 nm で，その効果が一番大きく，検査・誘導領域の波長差が大きいほど，対比効果が小さくなっていることがわかる。

この図は結果の一例にすぎないが，他の波長の検査領域についても同様の傾向が見出されている。すなわち，色領域同士の明るさ対比では似た色の間で，明るさ対比がとくに大きく起こることを示している。これは明るさ対比と色対比の相互関連を示す注目すべき結果である。3 種の色覚受容器間の空間的側抑制が，同種の色覚受容器間で強力に生じ，異種の受容器間では弱いと仮定すると，この実験結果も色対比の実験結果もともに理解しやすい。さらに検討すべき問題であろう。

その後，日比野治雄と大山（Hibino & Oyama, 1989）は種々の色光に順応した後で，異なった色光間の明るさの比較を実験した。順応光と似た色光の検査光で明るさの低下が顕著であった。これも 3 色受容器間で個別的な抑制が生じ，それが同色間で大きく，その抑制が明るさ知覚の低下をもたらしたと考えることができる。色の知覚と明るさの知覚の関連を示唆するものである。

2.7 明るさと色の恒常性

ある照明下において，物の表面が反射する光は，照明の光と反射面の反射特性の両方に関係して決まる。白色光で照明された無彩色（白-灰-黒）面の場合，反射光の強度（輝度）は照度と反射率を掛け合わせたものである。明るい照明で照らされた暗灰色面と暗い照明で照らされた白色面が，反射する光の強度が等しくなる場合がある。しかし，このような2つの反射面が**表面色**（surface color）の現れ方をした場合は，人の目にはあくまで明るい照明下の灰色面と暗い照明下の白色面として知覚される。ところが，両者を，それぞれ小穴を通して観察すると，**面色**（film color；青空の色のような定位の明確でない色）として現れ，両者は同じ明るさとして見えるであろう。前記のように，照明の明暗と表面の明暗とを区別して知覚し，照明の明暗にかかわらず白色面は白色に，灰色面は灰色に，黒色面は黒色に知覚する傾向を**明るさの恒常性**（brightness constancy）と呼ぶ。表面色の現れの特徴とされている。しかし明るさの恒常性は完全に生じるわけではない。

色光照明下の色彩面の場合は，さらに複雑であり，照明光の分光分布（各波長帯の光の強度分布）と反射面の反射特性の分光分布（各波長帯の反射率の分布）の両方に応じて，反射面が反射する光の分光分布が決まる。しかし，知覚の上では，照明光の色（分光分布）が変わっても，反射面の色は比較的に安定して見える。赤い面は赤く，青い面は青く見える。これを**色の恒常性**（color constancy）と呼ぶ。前述の色順応が大いにこの色の恒常性に貢献している。照明光に対する目の色順応によって，面の反射光の分光分布が変わっても，同じ面の色の知覚は比較的恒常に保たれる。しかし，色の恒常性は完全でないから，照明光によって同じ服の色が違って見えることがある。

照明の知覚と明るさの恒常性の実験

大山（Oyama, 1968b）は上田茂穂の協力を得て，このような明るさの恒常性の測定と照明の明るさの測定を同じ実験条件下で同時に行った。

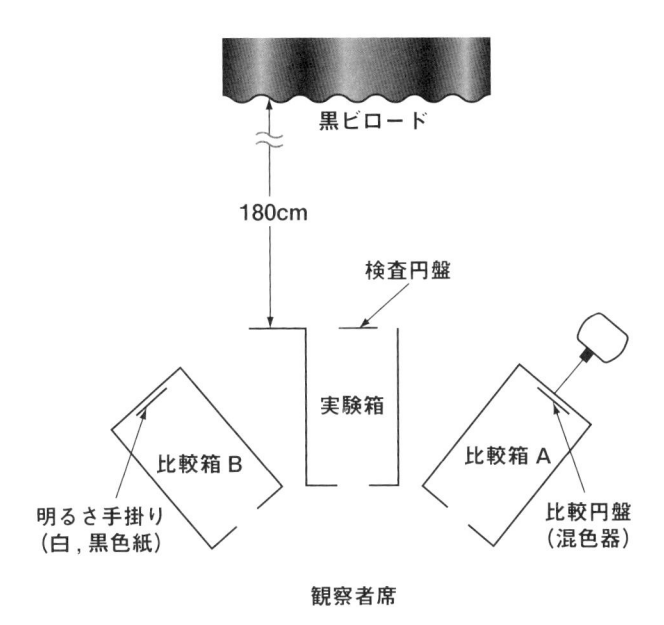

図2.13　照明の知覚と明るさの恒常性の実験装置（Oyama, 1968b）

図2.13に示されているように，3個の同じ大きさの箱を放射状に並べ，中央の箱を実験箱，右の箱を面の明るさの測定用の比較箱A，左の箱を見えの照明の測定用の比較箱Bとした。中央の実験箱の内側は灰色で，箱の背後は開放されていて，180 cm 後方に黒いビロードのカーテンが吊るされている。そのカーテンを背景にして，実験箱中に反射率が6～88％の5段階に変えられる検査円盤が1個吊るされる。実験箱内の照明は10～160 lx の5段階の照度に変化された。背景の黒色カーテンは遠くにあるので，実験箱中の照明の変化の影響を受けず，常に一定の輝度を保っている。したがって，照明を変化しても，円盤の直接の周囲は低輝度に一定に保たれる。明るさ対比の影響をできる限り排除するための配慮である。

　右側の比較箱Aの内側は黒色で，中央に比較用の回転混色円盤が置かれる。回転円盤は白と黒の扇形からなり，それらの中心角は回転中に変えることが可能で，白黒の混色比率を調整して明るさを変えることが

できるようになっている。左側の比較箱Bは内側が白色で，背面には黒色円上に白色正方形が配置されたパターンが照明知覚の手がかりとして置かれている。3つの箱の前面はそれぞれ覆われ観察用の小窓があけられている。観察者は中央の実験箱を覗いて，まずその中の検査円盤の見かけの明るさと等しくなるように，右側の比較箱A中の比較円盤を調整する。次に実験箱中の見えの照明の明るさと等しくなるように，左側の比較箱Bの照明を調整した。

この実験結果では，右側の比較箱Aの回転円盤で測定された面の見えの明るさは実験箱中の照度変化に応じて若干変化するが，照度に正比例するほどではなかった。正確にいうと照度のべき関数として変化した。そのべき指数は0.31〜0.44であった。このべき指数は，恒常完全であれば照度に無関係なので0，恒常性がまったくなければ照度に正比例するはずなので1の値となるはずであるから，この結果のべき指数は明るさの恒常性は完全ではないが，かなり高く保たれていたことを示している。とくに実験箱中の円盤の反射率が低いときにその傾向が高かった。

それに対して，比較箱Bによって得られた見えの照明の測定結果は，円盤の反射率とは無関係に，常にほぼ正確に照明に正比例して調整された。もし照明の知覚が面の明るさの"推定"の基礎となっているなら，照明の知覚が正確な場合には，円盤反射率に無関係に完全な明るさの恒常性が成り立つことが予想されるのに，その予想に反する結果であった。照明の知覚と面の明るさの知覚は別個の過程であることを示唆している。なお，照明の知覚と面の明るさの知覚の関係については，その後多くの研究がなされている（上村，1994）。明るさの恒常性には多くの要因が影響するが，照明の知覚は視野中のもっとも高い輝度によって強く規定されることが多くの研究で確かめられている（Beck, 1972；Kozaki & Noguchi, 1998）。

2.8　暖色と寒色，進出色と後退色，膨張色と収縮色

色の好みは時代によって大いに変わるが，色に対する感じ方はさほど

第2章 色の知覚の測定

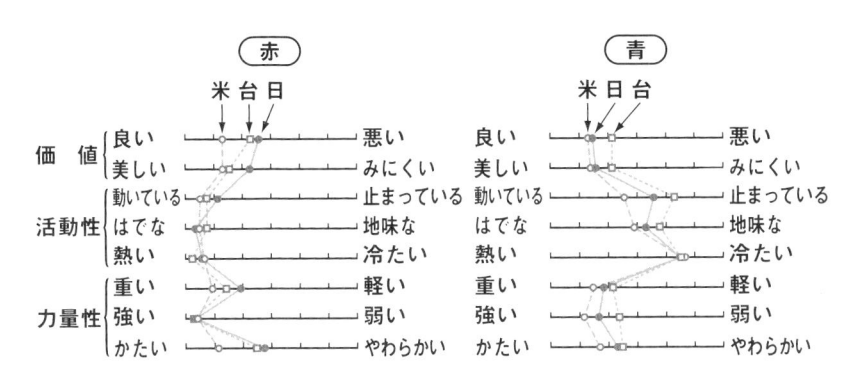

図2.14 日本，米国，台湾における赤・青に対するSDプロフィールの比較（大山，1994a）

変わらない（伊藤，2008）。赤は暖かく，活動的で，青は冷たく，静かに感じられる。暖色-寒色の対立である。また白は軽く，明朗で大きく，黒は重く，陰鬱で小さく感じられる。明暗の対照である。これらの傾向はW.ゲーテ（Goethe：1749〜1832）の『色彩論』（1810/1999）にすでに論じられている。

このような感じ方は文化，経験を超えて万人に共通しているのであろうか。大山と田中靖政と芳賀純がかつて，日本と米国で，また大山と頼琼琦が台湾で前述（Box 1.3）のセマンティック・ディファレンシャル法（SD法）を用いて比較調査したところ，**図2.14**のように，地域・文化を超えて非常によく類似していた（大山・田中・芳賀，1963；大山，1994a, 2003, 2009）。

抽象絵画の先駆者W.カンディンスキー（Kandinsky：1866〜1944）は，「同じ大きさの二つの円を描いて，一方を黄色で，他方を青色で彩ったのち，これらの円を，しばらく注意して視るだけでも，黄は，光を放って，中心から外への運動をはじめ，明らかにわれわれに近づいてくるような感じをあたえることに，気がつくであろう。これに対して，青は，求心的運動を起こし，そしてわれわれから遠ざかってゆく」と述べている（Kandinsky, 1912/1960）。

カンディンスキーは，進出色-後退色，膨張色-収縮色を同様のものと

している。しかし，実験結果では前者は主として色相により，後者は主として明度により規定され，両者は異なる現象である。

進出色・後退色に関する実験

色の進出・後退については，大山と山村哲雄（Oyama & Yamamura, 1960）がつぎのような実験を行った。観察者から 50 cm の距離にあるスクリーンの小窓のさらに 50 cm 背後に色彩面を提示し，平均的昼光に対応する標準光源 C（渕田，1994；側垣，2008）で照明して，観察者に，その色彩面の垂直の縁と，それらの右 90 度方向にあるもうひとつの小窓に提示した黒棒の距離が等しく感じられるように，黒棒を前後に動かして，調節させた。このように色彩面の見えの距離を 6 名の正常色覚の観察者について測定した実験結果では，**図 2.15** のように，赤がもっとも進出し，青がもっとも後退して見える結果を得た。

この色の進出-後退現象の説明として，眼球の色収差により，色光の波長に応じ鮮明な結像を得るための目の水晶体の調節が違うことによるとする仮説が古くから唱えられている。この説によれば，色の進出-後退現象は色覚の正常・異常によらず成立するはずである。しかし，大山らが色覚異常者（1 型 2 色覚者 4 名，2 型 2 色覚者 3 名）を観察者として行った結果では，赤の面の進出は認められなかった。また，正常色覚者でも色の弁別が困難な，暗順応後の照度 0.02 lx の暗所視下では，図 2.15 下部に示すように，色相の差異による見えの距離の差が認められなかった。これらの点から，色収差説は認めがたい。

なお，この研究では 7 段階の灰色面についても，その見えの距離を色彩面と同様の方法で測定しているが，有意な差異は見出せなかった。しかし，明るい面ほど，あるいは背景と明度差が大きいほど，進出して見えるという報告もある（江草，1977）。

膨張色・収縮色に関する実験

他方，色の膨張-収縮に関して，大山と南里禮子（Oyama & Nanri, 1960）は，観察者より 115 cm の距離に高さ 80 cm，幅 90 cm の灰色の

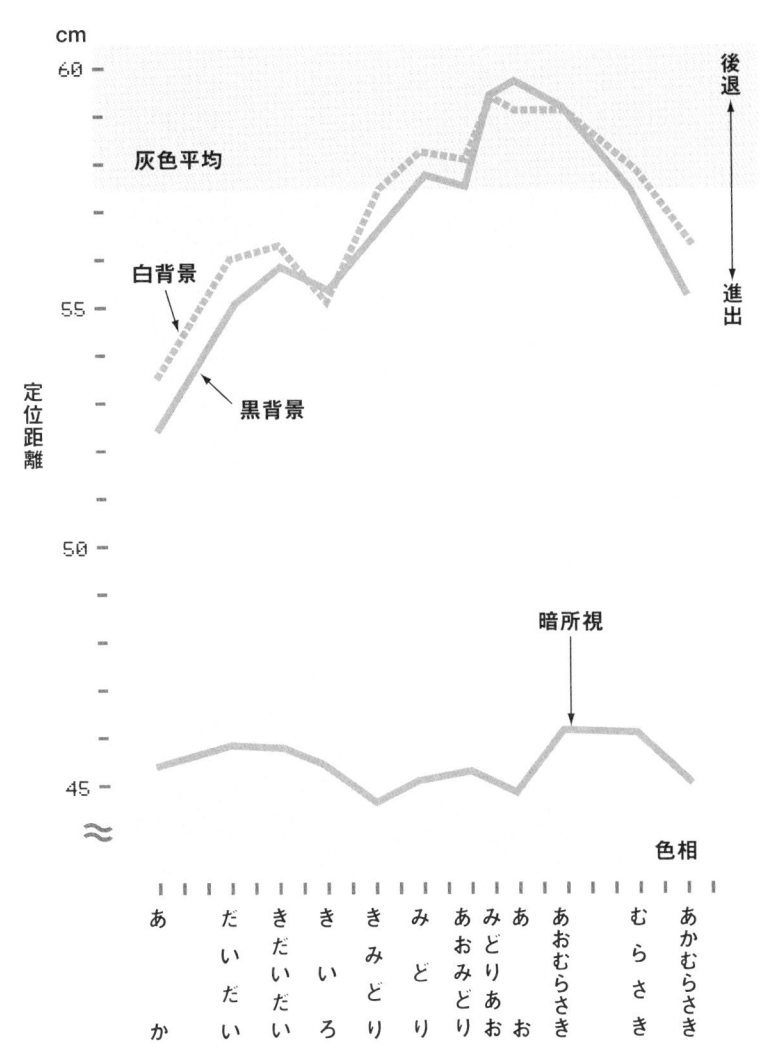

図2.15 色の進出・後退の実験結果（Oyama & Yamamura, 1960）

刺激提示面を垂直に立てて，その左上と右下に 20 cm 四方の刺激提示用の窓を開けた。左上の窓の右下端と右下の窓の左上端の間は上下 10 cm，左右 10 cm の間隔があり，その中央が観察者の目の高さにほぼ一致した。刺激面は標準光源 C で照明された。左上には種々の色相・

明度の円形面を，右下には1mmステップで変化する種々の直径の輪郭円（比較円）を提示して観察者に比較させて，両者が等しい大きさに見える比較円の直径（主観的等価点，PSE）を，極限法を用いて求めた。すなわち，上昇系列の際は，円形面図形に比べて明らかに小さい比較図形から順に少しずつ大きい比較図形が提示されて，観察者は円形面図形と比較して大・等（不明）・小の3件法で判断して，大判断が生じるまで提示を続ける。また下降系列の際は，明らかに大きい比較図形からはじめて，小判断が生じるまで，順に小さい比較刺激を提示される。上昇下降系列を各2回実施した。

実験者は上昇系列では，はじめての等判断とはじめての大判断が生じた比較刺激の直径を記録し，下降系列では，はじめての等判断とはじめての小判断が生じた比較刺激の直径を記録して，それら4個の記録値の平均をもって主観的等価点（PSE）とした。その際，等判断を経ずに大または小判断に移ったときは，そのはじめての大小判断が得られた値を等判断値と兼ねると考え二重に数えて平均値を求めた。また，最初に提示する比較刺激は系列ごとにランダムに変えた。求められた主観的等価点が円形面の見かけの大きさを示すと考えられる。

実験1では，左上の正方形窓内を黒，中灰，白の3種として，その中心の円形の穴に背後から種々の明度の灰色を提示した。6名の観察者について測定した実験結果では，**図2.16** のように，灰色円の明度（図中横軸では対数反射率）が高いほど大きく見え，周囲の明度が高いほど小さく見える結果となった。図中の水平線は，左上に灰色円でなく，比較円と同様の輪郭円を提示した対照実験の結果を示している。輪郭円同士を比較しても，左上に提示された輪郭円は右下に提示された輪郭円より，過小視されることを示している。視野内の空間位置にもとづく誤差で，**空間誤差**（space error）と呼ばれる。

実験2では，左上に提示される円図形を赤，黄，緑，青，明灰，中灰に変えて，同様の実験を行った。その結果，黄の円がもっとも大きく判断され，緑がやや大きく，青と赤がもっとも小さく判断された。青と赤の結果に差が認められず，また，それぞれの色円の結果とそれらと同じ

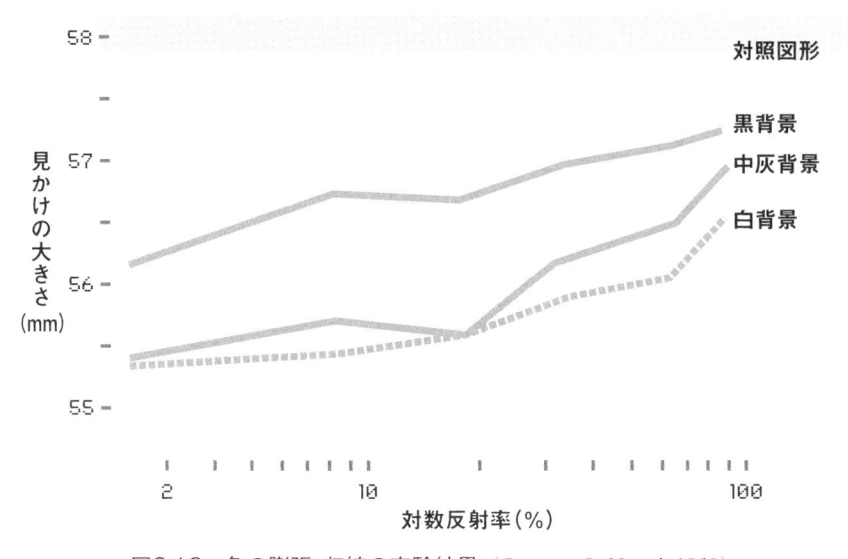

図2.16 色の膨張・収縮の実験結果 (Oyama & Nanri, 1960)

明度の灰色円の結果と変わりなく，見えの大きさはもっぱら色円の明度に影響されていて，色相による差は認められなかった。

これらの結果から，色の膨張−収縮現象は，主として色の明度の効果であるといえる。しかしその後，大山と安齋千鶴子 (Oyama & Anzai, 1973) がこの問題を再検討した実験では，黄と赤の円領域は同明度の灰色領域より有意に大きく知覚される結果であり，その差は円領域が大きくなるほど大きかった。その際も明度の影響は大きく現れていた。

上述のカンディンスキーの言葉に反し，色の膨張−収縮現象は前述の進出−後退現象とは別個の現象である。彼が暖色の代表に明度の高い黄色を選んだため，混乱が起こったのであろう。

2.9 SD法による色彩感情の測定

感覚印象の測定にセマンティック・ディファレンシャル法 (Semantic Differential, SD法) が有効なことは，第1章ですでに述べた。

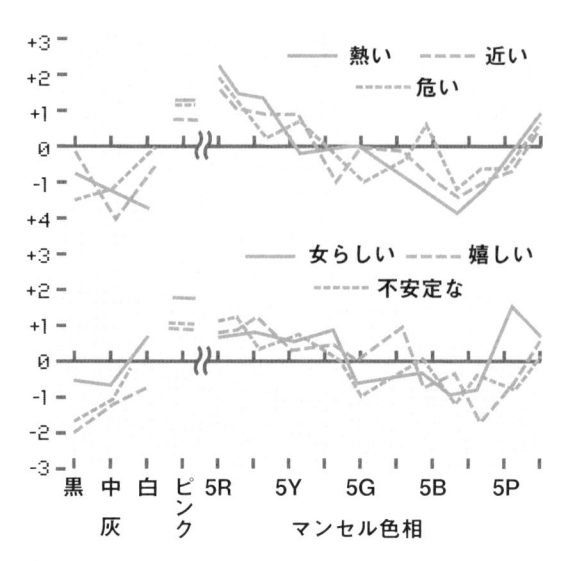

図2.17　SD法における活動性関連尺度における色相の効果　（大山・田中・芳賀，1963）

　種々の単色に対するSD法の結果として活動性に分類される尺度は，前述の，「騒がしい―静かな」「動的―静的」「派手な―地味な」のほか，「熱い（暖かい）―冷たい」「近い―遠い」「危ない―安全な」「女らしい―男らしい」「嬉しい―悲しい」「不安定な―安定した」「陽気な―陰気な」などの尺度であり，**図2.17**のように，色相の影響が大きく，赤でもっとも活動性が高く，青でもっとも低い結果であった（大山・田中・芳賀，1963）。暖色で活動性が高く，寒色で低いといえる。また，暖色でも寒色でも，明度・彩度が高いほど活動性が高いことが知られている（Oyama, Soma, Tomiie, & Chijiiwa, 1965）。

　SD法における軽明性に関する尺度は，上述の「軽い―重い」「明るい―暗い」「陽気な―陰気な」などの尺度で，力量性（potency）因子を正負逆転したものが多い。多くは色の明度と相関が高い。大山・田中・芳賀（1963）の結果では，明度との相関係数は，「軽い―重い」が.90，「浅い―深い」が.89，「からの―充実した」が.83，「やわらかい―かたい」と「ゆるんだ―緊張した」が.70，「弱い―強い」が.67，「明

るい—暗い」が.62であった。「明るい—暗い」と明度との相関係数が意外に低い点は注目すべきである。日本語の「明るい」が必ずしも明度と対応しないで，赤や橙の色は明度が低くても黄色と同等ないしそれ以上に「明るい」と判断する場合があるからであろう。

2.10 色の誘目性

　第3章で述べるように，視知覚において，形をもち，ものとしてまとまり，浮かび上がって見える領域を「図」と呼び，背景になった領域を「地」と呼ぶ。どのような領域が図になって見えやすいかは，面積や形などの空間条件にもよるが，色相や明度も重要な要因である。大山（Oyama, 1960）が図-地反転図形を用いて図になりやすさの要因を研究した実験結果によれば，周囲との明度差が大きく，暖色系の色相をもつ領域が図となりやすい。すなわち，明度や周囲との明度差の効果と色相の効果を分離するために，各色相の彩度の高い有彩色とそれと同じ明度の灰色とを組み合わせて，図-地反転の実験を行った結果では，**図2.18**のように，赤がもっとも図になりやすく，青がもっとも図になりにくく，その間は色相順になった。進出色－後退色の順とも一致した。図になりやすいことは，目立ちやすく知覚しやすいことを意味する。
　また，神作博（1998）によれば，種々の純色の目立ちやすさを，多くの観察者に評定させた結果では，背景が白の場合は赤が最高で，黄赤，黄，青，赤紫，緑，黄緑，青紫，青緑，の順で紫が最低であったが，背景が灰，黒の場合は黄が赤よりも上位で最高になり，黄緑も赤，黄赤に次いで目立ちやすくなるという。この結果は，色相とともに背景との明度差が目立ちやすさを規定していることを示唆している。暖色で背景との明度差が大きい領域が目立ちやすいことを示している。

2.11 色の象徴性

　色の象徴性について，かつて大山・田中・芳賀（1963）が，女子短大

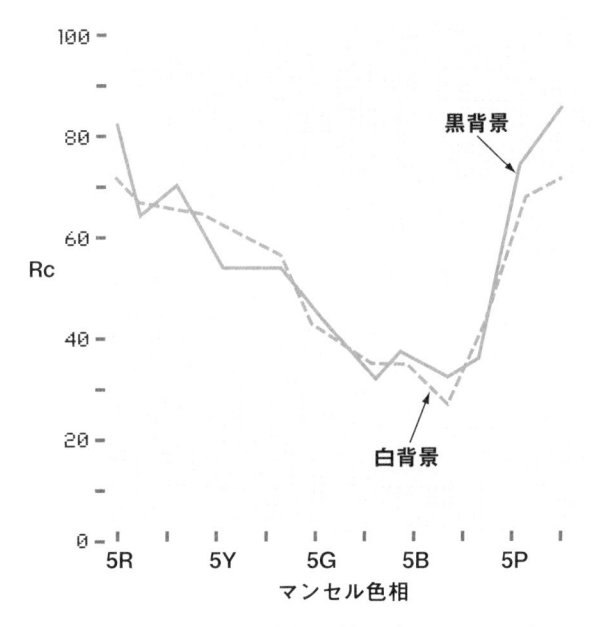

図2.18　図になりやすさに及ぼす色相の効果（Oyama, 1960）
　　　縦軸のRcは観察時間内で有彩色領域が図となった時間の百分率を示す
　　　（3.1参照）。

生に次のような調査を行った。14の単語それぞれを表すのにもっとも適した色を16の色紙から選んでもらった。その結果における，それぞれの単語に対する上位3位までの選択色は，「怒り」―赤，橙，黒，「嫉妬」―赤，紫，橙，「罪」―黒，灰，青紫，「永遠」―白，緑味青，青，「幸福」―ピンク，黄橙，橙，「孤独」―青，灰，黒，「平静」―青，緑，緑味青，「郷愁」―黄緑，緑，黄橙＝青，「家庭」―黄橙，橙，ピンク，「愛」―赤，ピンク，橙，「純潔」―白，緑味青，赤，「夢」―ピンク，緑味青，黄，「不安」―灰，紫，黒，「恐怖」―黒，灰，赤であった（大山，1994a）。この結果は40年前のものだが，比較的最近に同じ14の単語を用いて行った伊藤久美子（2008）の調査の結果も非常によく似ている。

　しかし，どの色が好きか，よいかという価値評価は，地域・文化によ

第 2 章　色の知覚の測定

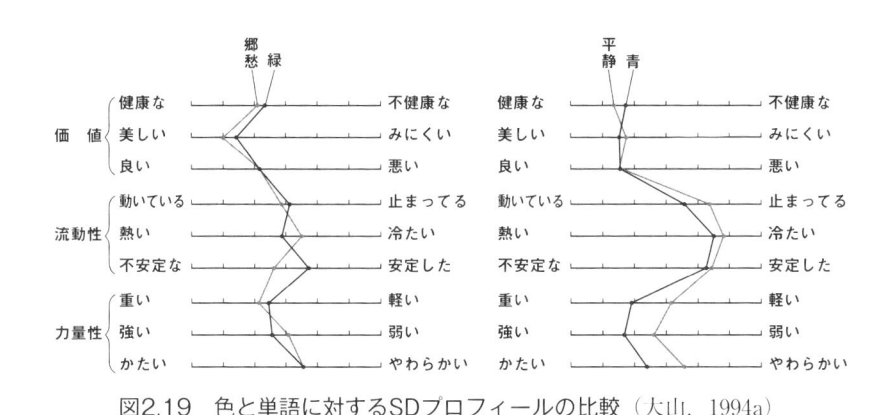

```
          郷 緑                           平 青
          愁                              静
価値  ┌ 健康な ──────── 不健康な   健康な ──────── 不健康な
      │ 美しい ──────── みにくい   美しい ──────── みにくい
      └ 良い  ──────── 悪い      良い  ──────── 悪い
流動性┌ 動いている ──── 止まってる 動いている ──── 止まってる
      │ 熱い  ──────── 冷たい    熱い  ──────── 冷たい
      └ 不安定な ────── 安定した  不安定な ────── 安定した
力量性┌ 重い  ──────── 軽い      重い  ──────── 軽い
      │ 強い  ──────── 弱い      強い  ──────── 弱い
      └ かたい ──────── やわらかい かたい ──────── やわらかい
```

図2.19　色と単語に対するSDプロフィールの比較（大山，1994a）

りやや異なっていた．また，種々の単語に対してそれを表すのに適した色を選ばせると，前述のように，「郷愁」には緑を，「平静」には青を選ぶ人が多い．そこで種々の単語と色紙を別々の観察者群にSD法で評価してもらった結果を比較すると，**図2.19**のように，たとえば「郷愁」と緑，「平静」と青のSD法の結果が互いによく似ている（大山，1994a）．このように言葉（単語）と色が互いに類似の感情を多くの人々に共通して喚起させるので，言葉と色が生じさせる感情の類似性が媒介となって，それらの言葉が表しているものの象徴として色が使われるのであろう．

2.12　色の組み合わせの効果

　2色配色の感情効果を，配色を構成する単色それぞれの感情効果の合成にどれだけ還元できるかについては，堀田・神田・村井・中嶋（1997）と大山（2001）が互いに独立に研究し，配色を構成する単色の効果の単純な加算ないしは平均よりも，重み付けをした加算が適当であること，またその重みは感情次元によって，さらに感情次元ごとの構成色間の優位性によって，異なってくることを見出した．

　そして，大山（2001）はそのような単色効果にもとづく回帰式によって説明できない効果を，配色による真の効果と考えることを提案した．

すなわち，堀田ら（1997）と大山（2001）はともに，各因子または各尺度について，またそれぞれの配色を構成する2つの単色の得点の高低によって，配色の感情効果に及ぼす影響力の重みが異なるという仮定をして，次式によって回帰分析を行った。

$$Y = A \cdot X_H + B \cdot X_L + C \qquad (2.1)$$

ここで Y は2色配色の感情効果，X_H は2色のうちで該当因子（または尺度）において，より高位の単色の感情効果，X_L はより低位の単色の感情効果，A，B は高位・低位の単色が2色配色の感情効果に与える重みを示す係数，C は切片を示す定数である。

この回帰式（加重平均）による予測値は各配色に対する実測値と完全には一致しない。そこで，実測値と回帰式(2.1)による予測値との差（残差），すなわち単色の効果の加算では説明できない交互作用を(2.2)式により配色効果とした。

$$\text{配色効果（残差）} = \text{実測値} - \text{予測値} \qquad (2.2)$$

各種の配色のSD法による評価に(2.1)式を適用した結果（堀田ら，1997；大山，2001，2005b；伊藤，2004，2009；伊藤・大山，2005）では，価値因子においては，まず切片 C が0よりマイナスの方向にずれる場合が多い（－1.04〜0.11）。この事実は2色を組み合わせることによって単色の価値（良さ，美しさ，好ましさ）を高める場合は比較的少なく，むしろ単色の場合より価値が下がる場合が多いことを示している。価値得点においては低位の単色の回帰係数 B が大（0.60〜0.80）であり，これは2色を配色することによって，そのうちの好ましくない色が，組み合わせた相手の色の本来の価値を損なわせる場合が多いことを意味している。したがって，配色デザインにおいては，単色のもつ価値をより高めることよりも，損なわせないことに注意すべきである。

また，色相差が小さい場合は，単色間の明度差と彩度差が異なる方向のとき（高明度・低彩度の単色と低明度・高彩度の単色の組み合わせ）はそれらが同方向（高明度・高彩度の単色と低明度・低彩度の単色の組み合わせ）に比べて価値評価が大である（伊藤，2004，2009；伊藤・大山，2005）。また，構成単色の色相別に配色の価値得点を比較すると，一般

に，青を中心とした寒色系の色相で，橙を中心とする暖色系に比べて価値得点が大である。価値因子に関しては，回帰式の決定係数（R^2）は比較的低く（0.55～0.71），配色の組み合わせ（交互作用）が重要である。つまり価値評価に関しては，構成単色の良し悪しによらず，色の組み合わせ方が配色の効果に影響を及ぼす余地が大きい。

　他方，配色の活動性因子（動的，騒がしさ，派手さ）では2色のうちの高位の構成単色の回帰係数 A が大きく（0.54～0.76），決定係数も大（0.87～0.96）である。配色を構成する単色のうちで，活動性においてより高位の単色によって，配色全体の活動性が大きく影響されることを示している。この結果から考えると，実際に配色を利用する場面で期待される活動性（華やかさ，その逆の落ち着きなど）を，適切な1つの単色の利用によって生み出すことが可能であろう。切片 C は 0 付近の値（-0.01～0.14）で，2色を配色することにより，単色の場合に比べて，全体の活動性は高められも損なわれもしないことを示している。

　また，鋭さ因子（緊張感）では鋭さが低位の単色の回帰係数 B が比較的大きく（0.57～0.96），構成色のうちの低位の単色によって配色全体の緊張感が下げられる傾向がある（$R^2=0.60$～0.80；$C=-0.15$～0.27）。また明度差と彩度差が同方向（高明度・高彩度と低明度・低彩度の組み合わせ）のときに緊張感が高くなる傾向にある。これらの傾向を配色デザインに利用して，緊張感の低い単色を加え，また明度差と彩度差を逆方向にすることによって，緊張感を適度に弱める（くつろぎを与える）ことができる。

　軽明性因子（軽い，明るい）では高位・低位の単色の回帰係数 A, B がほぼ均衡し，決定係数が高かった（$A=B=0.47$，$R^2=0.93$）。配色の軽明性はほぼ2単色のそれらの単純な平均になる傾向であった。

　配色の感情効果は，配色を構成する単色の個別的性質の効果によっては説明しきれない。その説明しきれない残差は(2.2)式の配色効果に相当する。これは構成単色の組み合わせの交互作用として考えることができる。その視点から，配色効果（残差）に関するこれまでの実証研究の成果を見るとき，価値評価については，色相の類似性ならびに互いに正

負逆方向の適度な明度差と彩度差の組み合わせ（高明度・低彩度の単色と低明度・高彩度の単色の組み合わせ）に効果があり，緊張感には構成色間の明度・色相・彩度の対比が効果的である傾向が示唆された（伊藤，2009；伊藤・大山，2005）。詳細は今後の研究を待ちたい。

2.13 まとめ

1) 色の知覚の基本過程である混色の実験を，言語をまったく用いず，動物のコイとサルに対して実施した。まず黄の単色光と赤・緑の単色光に対して異なった反応をする弁別訓練をして，その後，各種の混合率の赤・緑混合光を提示してテストし，黄単色光に対して行うように訓練した反応が生じる率を測定した。その結果，適切な混合率における赤・緑混合光に対しては，黄単色光に対するのとあまり変わらぬ反応率が生じることが認められた。この事実からコイやサルでも，赤光と緑光の混色で黄色が成立していることが推察された。なお，これらの実験は，刺激の明るさが反応の手がかりにならないように配慮した実験計画によった。この実験では，S-R型のデータの収集をしているが，反応率が最大となる混合率を求めているので，その点ではS-S型の分析といえる。

2) 正常色覚者とはやや色覚が異なる異常色覚者（いわゆる色弱者）5名と正常色覚者4名に対して，輝度が等しく純度の高い9種の色光間の見えの差をマグニテュード推定法で数値化した結果を，個人差モデルに基づく非計量的多次元尺度法で解析した。その結果は質的には同種の2次元解が得られたが，そのうちの赤-緑の差に該当する次元と青-黄に相当する次元の相対的な重みが両群で異なり，異常色覚者では一般に赤-緑次元の重みが青-黄次元に比較して小さかった。また個人によっても，それらの重みの比が異なった。この実験は典型的なS-R型の測定法によったものである。

3) 色対比の実験において，検査領域の単色光の波長を各観察者がもっともよい赤・黄・緑・青と感じられるように調整する方法を用い，

誘導領域の色彩と誘導・検査領域間の空間間隔の影響を調べた。一般に，誘導光が存在する場合は，周囲が暗黒の場合に比べて，観察者は検査光の波長を誘導領域の波長に近づける方向に調整した。これは色対比により，検査光の色が誘導光の補色の方向に変移する色対比による知覚上の効果を物理的波長の変化で補償するものと考えられる。また誘導・検査領域の空間間隔が増すほど，対比効果は減少したが，間隔が視角8度になっても，若干の色対比が認められた。この実験では，「もっともよい赤」といった主観的な判断基準に基づいているが，個人ごとに，その基準を満たすための波長値（S変数）をデータとしており，S-S型の分析といえる。

4) 色対比が生じる有彩色の誘導・検査領域を用いた実験条件下で明るさ対比の測定を行った。一般により明るい誘導領域に囲まれれば，検査領域の明るさが暗く知覚され，その対比量は誘導・検査領域の波長が近いほど，大きかった。この実験では，各種の誘導・検査光の波長の組み合わせについて，検査領域と比較領域の明るさが等しくなるように，各観察者が比較領域の輝度の調整を調整法で行った結果である主観的等価点（S）をデータとしており，典型的なS-S型の分析である。色対比と明るさ対比の相互関連に関するさらなる研究が待たれる。

5) 明るさの恒常性に関する実験場面で，実験箱中の検査円盤の見えの明るさとともに照明の見えの明るさの測定を，種々の照明条件と種々の検査円盤の反射率に関して，2つの比較装置を用いて行った。その結果，見えの照明の測定については，客観的な照度にほぼ正比例していたが，円盤の表面の明るさの恒常性は完全には保たれなかった。また，見えの照明の知覚とそれに照らされた表面の明るさの恒常性は完全には対応しなかった。この実験では，見えの照明の測定も，表面の見えの明るさの測定も，調整法で主観的等価点が求められ，ともにS-S型の測定法に従っている。

6) 色の進出-後退，膨張-収縮に関する実験は，それぞれ検査色彩面と見えの距離と比較棒の見えの距離が等しくなる主観的等価点，また検査色彩面の見えの大きさと比較図形の見えの大きさが等しくなる主観的

等価点を，調整法と極限法で求めた。典型的な S-S 型の測定法である。進出-後退現象は主として色相に影響され，膨張-収縮現象は主として明度に影響される結果であった。

7) 図-地反転図形を用いて図になりやすさの要因を研究した実験において，明度の効果を統制するために，各色相の彩度の高い有彩色とそれと同じ明度の灰色とを組み合わせて実験した結果では，赤がもっとも図になりやすく，青がもっとも図になりにくく，その間は色相順になった。図として見える時間を測定値とした S-R 型の測定である。

8) 単色と 2 色配色の感情効果を，SD 法を用いて測定した。SD 法は S-R 型の測定法であり，その尺度値が間隔尺度に従っているか疑問がある。しかし，間隔尺度と仮定して分析されたが，結論は質的傾向にとどめるように注意した。

第 3 章

Measurement of form perception
形の知覚の測定

3.1 図と地

　雲ひとつない青空も，一面の雪原も，全面の明るさや色は見えても，何も物が見えない点では真暗闇と変わらない。この状態を**全体野**（独 Ganzfeld）という。暗闇や霧のなかで何かが見えるには，そこには周囲と違った明るさや色がなければならない。周囲と違った異質の部分があったとき，そこに形や物が見える。**図**（figure）と**地**（ground）の分化である。異質な部分が図となり周囲が地となる。

　この図と地の分化は E. ルビン（Rubin, 1921）によって提案された概念である。彼によると，

1) 図になった部分は形をもつが，地は形をもたない。
2) 図と地を分けている境界線は常に図に属する。
3) 地は図の背後まで広がっているように感じられる。
4) 図は物の性格をもち，地は材料の性格をもつ。
5) 図は地よりも構造化され個性的である。
6) 図におけるほうが，面が硬く，密で，定位が明確である。
7) 多くの場合，図は地よりも前方に定位する。
8) 図は地よりも迫力的で，意識の中心となりやすい。

という。

　たとえば，**図 3.1** を続けて観察している間に，白い 3 扇形型部分が図となり黒い地の上に乗っているように見えたり，逆に黒い 3 扇形型の図が白い地の上に乗っているように見えたりする。この図と地の入れ替わりは，観察中に観察者の意図と関係なしに突然に生じる。図と地の反転が生じると，上記の 1)～8) の性質が同時に一斉に入れ替わる。それまで形をもって前面に見えていた部分が形を失い，後退し，背後にまわる。これは第 1 章で述べた R-R 関係の一例といえる。このような図形を**図-地反転図形**と呼び，図-地知覚の実験に使用される。

図になりやすさに関する実験

　大山（Oyama, 1960）は，図 3.1 のような反転図形を用いて図になりや

α-figure   β-figure

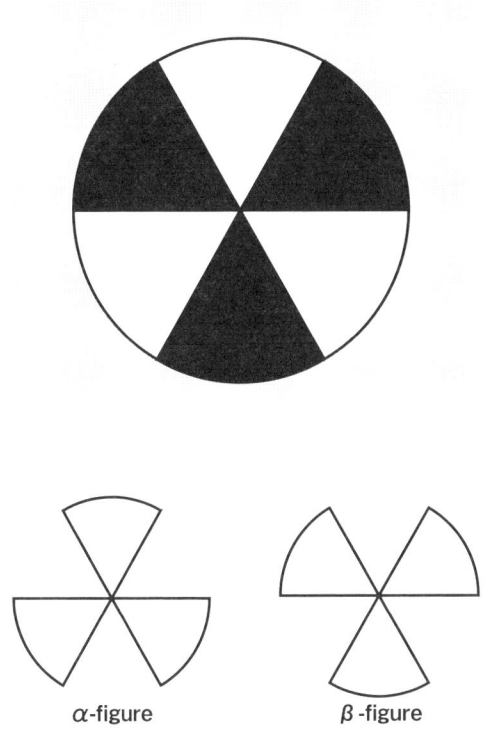

図3.1　図-地反転図形（Oyama, 1960）

すさの要因を数量的に研究した。中程度の灰色（反射率17％）の周囲の中でこの図形を提示し，観察者にその中央を注視しながら，どの部分が図に見えるかを観察してもらう。白い部分が図に見えたら右のキーを押し続け，黒い部分が図になったら左のキーを押し続ける。観察している間に図に見える部分が反転したらならば押すキーを変える。一定時間（たとえば1分間）の観察時間中に白・黒領域用それぞれのキーを押していた合計時間を T_w, T_b としたとき，(3.1)式で白い部分の図になりやすさが数量的に表示できる。

$$R = 100T_w/(T_w+T_b) \tag{3.1}$$

図3.2の R_w は，扇形の角度を10度から110度まで変えたときの白

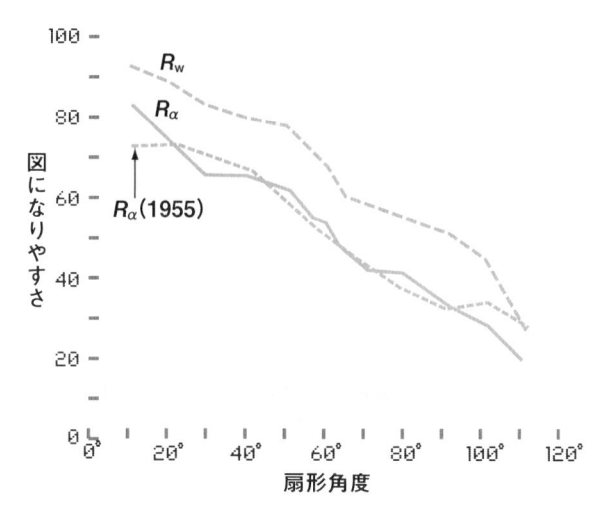

図3.2　図になりやすさの実験結果（Oyama, 1960）

扇形部分に対する R_w 値の4名の観察者の平均値の変化過程を図示している。この曲線は扇形の角度が小さいほど（面積が狭いほど），図になりやすいことを示している。白黒の領域の位置を入れ替えて同様の実験を行い，両条件を平均して，a 領域の図になりやすさを示したものが R_a 曲線である。図になりやすさに及ぼす扇形角度（面積）の効果をよく示している。なお，図中の R_a (1955) は白地に黒線で円周と境界線を描いた図-地反転図形を用いて行った大山・鳥居（1955）の実験結果で，同様の傾向を示している。R_w の曲線が R_a より高い位置を占めているのは，少なくともこの周囲の明度条件では，白色領域が黒色領域より図になりやすい傾向によるものであろう。

　このような図-地反転図形を用いてなされた実験結果によれば，一般に面積が小さいほど，また周囲よりも明るくても暗くてもよいが，その明度差が大きいほど図になりやすい。すでに2.10に示したように，青などの寒色より赤などの暖色の領域が図になりやすく，さらに8扇形からなる図-地反転図形を用い11.25度ずつ回転して種々な位置で提示して実験した結果では，垂直-水平方向に広がった領域が図になりやすいことが確かめられた（Oyama, 1950）。

3.2 主観的輪郭

　前述のように，形と輪郭をもつことが，図の重要な特性である。形と輪郭とは，このように密接な関係がある。一般に，輪郭が見えるためには，通常，明るさ（輝度）や色相あるいはテクスチュアなどが急激に変化する境界線が必要だと考えられている。ところが，イタリアのゲシュタルト心理学者G.カニッツァ（Kanisza, 1976）は，明るさも色相もテク

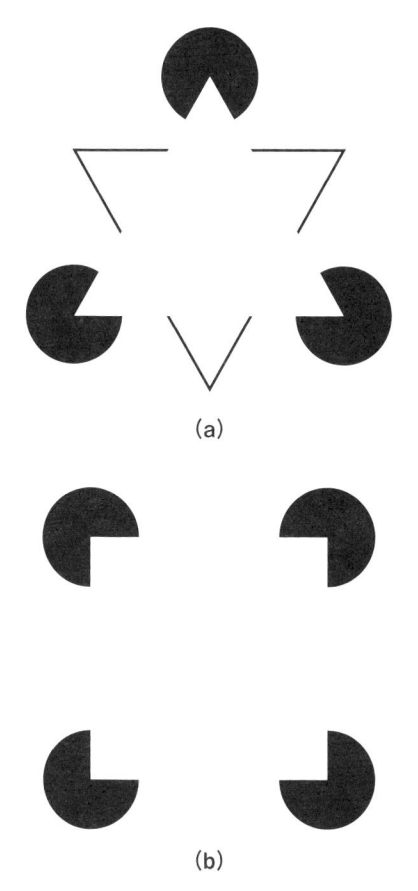

図3.3　主観的輪郭図（a：Kanizsa, 1976；b：Watanabe & Oyama, 1988）

スチュアも変わらない一様な面の上でも、条件によっては、明確な輪郭線が見えうることを指摘した。たとえば**図3.3**(a)において、白い三角形ははっきりと見える。多くの読者は、3個の黒い円盤と黒い線で描かれた逆三角形の上に乗った白い三角形を認めるであろう。そして、多くの場合、白三角形は周囲の白地部分より明るく、やや前に浮き上がって見えるであろう。これが**主観的輪郭**（subjective contour）の現象である。

確かに、白三角形の3頂点に相当する部分においては、黒い円の中に、白い鋭角の切り込みが入っていて、その部分には明確な白黒の明るさの段差がある。しかし、それらをつなげる3辺の中央部分は、2線分の先端を通過するだけで、ほかはまったく一様な白い面が広がっているだけなのに、三角形の3辺が明確に見える。この図には、途中に線分の先端があったりして、やや複雑であるが、図3.3(b)の場合は、もっと簡単で、直角の切り込みのある黒い円盤が4個配置されているだけであるが、明確な白い四辺形が見える。このような一様な面の上に現れる見えの輪郭線を主観的輪郭と呼んでいる。

この現象を説明する説はいろいろある。カニッツァ自身は、非感性的完結化（amodal completion）と呼ばれる説を唱えている。彼はさまざまの図形を作って試みた結果、この主観的輪郭が現れるのは、常に視野の中になにか不完全な部分が存在するときであり、それを主観的輪郭で補充すれば、完結した安定した見えが生じる場合であるという。われわれの視覚系はそのような補充作用をもっているというのである。これはゲシュタルト心理学の立場からの説明である。

主観的輪郭の実験——原因か結果か

主観的輪郭で囲まれた部分は、より明るく、奥行きも手前に見えることはすでに述べたが、そのことが、主観的輪郭が現れる原因だと考える説もある（Brigner & Gallagher, 1974 ; Coren, 1972）。たとえば、明るさの場合は、主観的輪郭で囲まれた領域がより明るく見えるのは、黒い円盤と白い地の間の明るさ対比であって、主観的輪郭は、その結果として生

じた副次的現象であるというのである．また，奥行き感が先に生じて，主観的輪郭がその副次的結果であるとの主張もある．

　この点を検討するため，渡辺武郎と大山（Watanabe & Oyama, 1988）は，暗い背景上で図 3.3b のような図形を用いて，（直角部分が欠けた）円盤の輝度と，円盤の間隔距離をそれぞれ 8 段階に変えて，それらの組み合わせ計 64 個の図形を 10 名の観察者に個人別にランダム順に提示した．観察者は，それぞれの図形に対して，見えの明るさ，見えの奥行き，主観的輪郭線の明瞭度，の 3 つについてそれぞれを 10 点満点で評価した．その結果において，円盤間の間隔が増加すると，見えの明るさ，見えの奥行き，主観的輪郭の明瞭度のすべての評価値が減少した．また円盤の輝度が上昇すると（背景との差が増大すると），主観的輪郭と見えの奥行きの評価値がわずかに上昇した．

　この際，各観察者が各図形に対して与えた 3 種の評価の間にどのような関連があるかを，偏相関（他の変数の影響を除去した相関係数）を用いた因果推定を行った（Asher, 1976/1980）．この分析法は因果の経路について推定を与えるものである．この実験の場合，因果の経路は，実験的・組織的変化をさせた円盤の輝度と円盤間の間隔が因果の出発点であることが明らかである．それらの刺激図形の変化の影響が，見えの明るさの変化や見えの奥行きの変化を媒介して，主観的輪郭の明瞭度に影響を与えているか．あるいは逆に刺激図形の変化が主観的輪郭の明瞭度にまず影響を与え，その副次的影響として見えの明るさや見えの奥行きに影響が及ぼすのかは，各変数間の偏相関の値から推定できる．一般に，

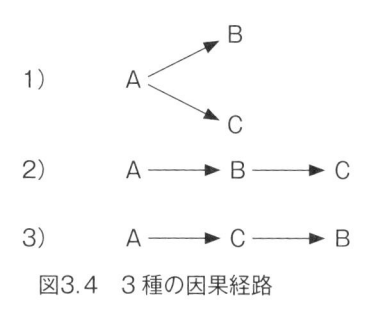

1)　A → B, A → C
2)　A → B → C
3)　A → C → B

図3.4　3 種の因果経路

たとえば，BとCの2変数の間に相関が認められても，因果の流れで明らかに先行する変数Aの影響を除去した際のBC間の偏相関がゼロに近いものであれば，**図3.4**の1) のように，BとCの2変数間には真の意味の相関はなく，共通の変数Aによる別々の結果であるために，見かけ上の相関が得られたのだと推定できる。またAC間に相関が認められても，変数Bの影響を除去した際のAC間の偏相関がゼロに近ければ，図中の2) のように，Cに対するAの影響はBを媒介したものといえる。しかしAC間に有意な偏相関があれば，そうはいえない。AB間の相関に対するCの影響についても，Cの影響を除去したAB間の偏相関がゼロに近ければ，図中の3) に示すように，AのBへの影響はCを媒介したものといえる。

このような偏相関による因果推定を，前述のように明瞭な結果が得られた円盤間隔の効果に適用した場合について述べよう。10名の観察者において，円盤間隔（A）と白四辺形の見えの明るさ（C）の間には全員において有意の負の相関が認められたが，主観的輪郭の明瞭度（B）の影響を除去した際の偏相関はどの観察者においても有意に達せず，ゼロに近かった。これは前述の第2の因果モデルのように，円盤間間隔（A）が見えの明るさ（C）に及ぼす効果は，すべて主観的輪郭線の明瞭度（B）に媒介されたものといえる。円盤が白四辺形の見えの奥行きに及ぼす効果についても，若干の個人差があったがほぼ同様なことがいえる。これに対して，見えの明るさや見えの奥行きの影響を除去した場合の円盤間間隔と主観的輪郭線の明瞭度の偏相関は観察者全員において有意であった。この分析結果は，主観的輪郭が，見えの明るさや，見えの奥行きを媒介して生じるという仮説を否定するものであった。むしろ，見えの明るさと見えの奥行きが主観的輪郭の明瞭度に媒介されていることを示す結果であった。

主観的輪郭線の生じる原因については，明るさ対比や奥行きの効果に帰すことができないことがわかったが，それならば，主観的輪郭線はなぜ生じるのであろう。そのメカニズムはまだ不明であるが，主観的輪郭線の問題は，それだけを個別に扱わずに，前に述べた図と地の問題や，

次に述べる透明視の問題と総合的に考えるべきだろう。主観的輪郭線が生じたことよりも，それに囲まれた領域（三角形など）が図として知覚されたことに注目すべきではなかろうか。すでに述べたように，図が生じるとともに，おのずから輪郭線が生じるのである。

3.3 透明視

図3.5のような透明視図形として知られている図形では，中央の灰色領域は垂直の黒矩形と水平の白矩形が重なった領域として見える。中央の灰色領域は，半透明の黒い面に覆われた白い矩形の一部と見えたり，半透明の白い面の背後にある黒い矩形の一部と見えたりする。観察を続けている間に，この2つの見え方が交代で現れることが多い。中央の灰色領域が白と黒の2層に分かれて，一方の層が透明であるかのように見えるので，**透明視**（apparent transparency）と呼ばれる。ゲシュタルト心理学の立場からは，群化の場合と同様に，類同の要因が働き，

図3.5　透明視図形（大山・中原，1960）

上下の黒領域同士か，あるいは左右の白領域同士が中央の灰色領域を隔てて一体化する傾向があり，その傾向が灰色交差部分を2層に見ることによって実現すると論じられた（Metzger, 1953/1968；盛永, 1952）。

透明視に関する実験

　大山と中原淳一（1960）は，図3.5のような十字型の刺激図を用いて，そのような透明視が生じる際に，白い横長の長方形と，黒い縦長の長方形のいずれが上層になりやすいかについて，交差部分の灰色領域の明度をいろいろと変えて検討した。図-地反転図形と同様に，この透明視図形でも，白黒どちらが上層になるかは，観察中に反転する。そこで，観察者に，この図形を持続観察させて，観察中，白黒いずれの層が，上層に見えるかに応じて，2つのキーのどちらかを押すように教示した。その結果では，交差領域の明度が白領域に近いほど，白領域が上層になっている時間が長く，交差領域明度が黒領域の明度に近いほど，黒領域が上層になっている時間が長くなった。その際，明度を反射率の平方根（0.5乗）に比例する数値で表現できると仮定した場合，白黒両領域が上層となっていた時間の比率（R_b）は，(3.2)式のように灰色交差部分と白黒領域との明度差に反比例するというきわめて規則的な傾向が認められた。ここでρ_w, ρ_b, ρ_cはそれぞれ白・黒・交差領域の反射率を示す。

$$R_b = \frac{\dfrac{1}{\sqrt{\rho_c}-\sqrt{\rho_b}}}{\dfrac{1}{\sqrt{\rho_w}-\sqrt{\rho_c}} + \dfrac{1}{\sqrt{\rho_c}-\sqrt{\rho_b}}} \times 100 \qquad (3.2)$$

　また大山・中原は，図3.4の白黒領域を，赤，黄，緑，青の4色のうちの2色の色彩領域に代え，交差部分をその際用いられた2色の混色とした場合にも，明確な透明視が生じることを確認した。たとえば，上下の矩形部分を赤，左右の矩形部分を緑，交差部分を正方形の窓として，背後に置かれた赤と緑の扇形からなる回転混色円盤（別個の光源により同じ照度に照明されている）の色で満たした場合，赤い縦長の長方形と

緑の横長の長方形が重なって見える。その際，どちらが上層になるかは，交差部分の混色率に依存した。すなわち，赤の混色率が高ければ赤が上層になりやすく，緑の混色率が高ければ緑が上層になりやすかった。赤と緑が上層になる時間比は両者の混色率の約2.8乗に比例した。これらの実験結果は透明視にも類同の要因が重要な効果をもつという見解を量的測定で支持している。ただし，無彩色の場合と有彩色の場合で，べき指数がかなり異なる点は検討を要する。

なお，混色率だけでなく，色相自体の影響も認められ，進出色・後退色現象（2.8参照）との関連も示唆された。すなわち，進出色といわれる赤，黄は一般に上層になりやすく，後退色とよばれる青は上層になりにくい傾向であった。

また，この透明視現象では，このような明度や色相などの要因だけでなく，形態的要因も重要である。盛永四郎ら（Morinaga, Noguchi, & Ohishi, 1962）は，互いに45度で交差する長方形のいずれが上層になりやすいかを，大山・中原に類似の時間計測法で測定した。その結果では，白黒いずれの領域でも，垂直・水平方向に伸びた領域が上層になりやすく，斜め方向の領域は，上層に見えにくかった。図になりやすさにおける異方性と共通する傾向である。この結果も透明視の現象が，図-地知覚の問題と総合的に考えるべきであることを示唆している（大山，2002）。

3.4 錯視

われわれが見ている世界は，客観的物理的世界を忠実に写したものではない。かなりのずれがある。これは単なる見間違いではなく，注意深く見ても，大きさや，長さや，傾きが，客観的・幾何学的なものと違って見える。このことは19世紀末から研究され，**図3.6**に示されているような種々の錯視図形が考案され，それぞれの研究者の名前をつけて呼ばれてきた。このような長年の研究にもかかわらず，まだそのメカニズムは十分解明されていない。これらの**錯視**（optical illusion）は，錯視

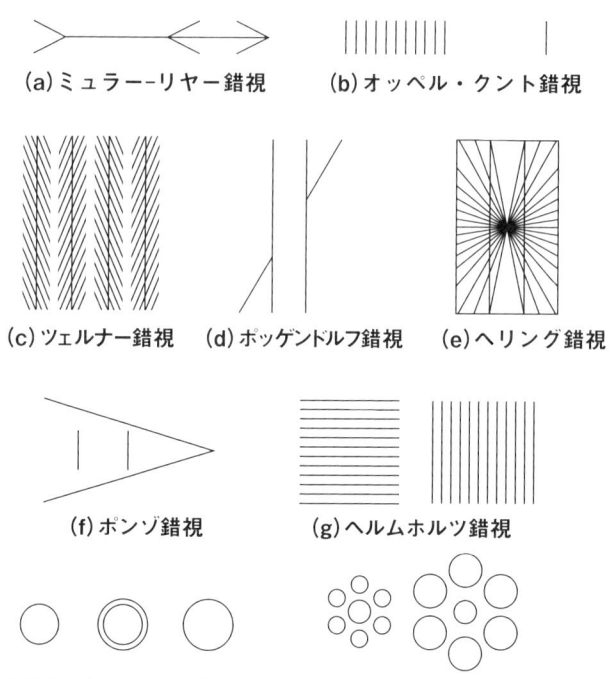

(a) ミュラー–リヤー錯視　　(b) オッペル・クント錯視

(c) ツェルナー錯視　(d) ポッゲンドルフ錯視　(e) ヘリング錯視

(f) ポンゾ錯視　　(g) ヘルムホルツ錯視

(h) デルブーフ(同心円)錯視　(i) エビングハウス(ティッチェナー)錯視

図3.6　代表的な錯視図（大山，2000）

　図形に限られた特殊な問題でなく，錯視の量に大小の差はあっても，日常のわれわれの知覚で常に起こっている知覚の歪みを示しているものであり，錯視は単に興味の対象であるだけでなく，一般的な知覚のメカニズムを探る手がかりとなるものである（後藤・田中，2005）。

　図3.6に示された錯視図を大まかに分類すると，大きさや長さを周囲の付加線の大きさや長さに近づけて知覚する同化的傾向（ミュラー–リヤー錯視，ポンゾ錯視，デルブーフ錯視など），周囲の大きさや長さとの差を強調して知覚する対比的傾向（エビングハウス錯視など），二線が交差する角度を過大視する鋭角過大視傾向（ツェルナー錯視，ポッゲンドルフ錯視，ヘリング錯視など）に分けることができる。

　錯視の研究はとくにわが国で古くから盛んであり，小保内虎夫

(1930),盛永四郎(1933)らが見出した垂直・水平方向よりも斜め方向で鋭角過大視傾向が顕著に現れる錯視の異方性の問題や,小笠原慈瑛(1952)が見出したデルブーフ(同心円)錯視は絶対的大きさを変化させても内外円の直径比がつねに約2:3のときに最大となる傾向などは国際的にも知られている(大山,2000)。

デルブーフ同心円錯視に及ぼす色の類同性の効果に関する実験

大山(Oyama, 1962)は藤井昭の協力を得て,同心円錯視に及ぼす内外円の色相の差異の影響について研究するに際して,錯視量を極限法を用いて測定している。観察者より 115 cm の距離に高さ 80 cm,幅 90 cm の刺激提示面を垂直に立てて,その左上と右下に 20 cm 四方の刺激提示用の窓を開け,左上には錯視図を右下には比較円を提示した。刺激提示面は白紙に覆われて,刺激面は標準光源 C で照明された。

錯視図形は内円直径 6 cm (視角 3 度),外円直径 9 cm の二重円よりなる同心円で,白紙の上に標準色紙から切り取られた幅 2 mm の円環を貼り付けて作られている。それらの色紙は彩度の高い赤,黄,緑,青と中灰である。それら 5 色を内外円に配した 25 枚の錯視図と,直径 6 cm の単独円を太さ 0.5 mm に黒色インキで描いた対照図形が用意された。比較刺激としては白紙の中央に円の直径を 48〜72 mm の範囲に 1 mm ステップで変化させて,太さ 0.5 mm に黒色インキで描いた 25 枚が用意された。

1 回のセッションにおける観察者の負担を軽減するため,25 枚の錯視図形を内円が緑・青の 10 枚と赤・黄・灰の 15 枚に分けて,それぞれ 4 セッションずつ実験した。各セッションでは 10 または 15 枚の錯視図と対照図形がランダム順に提示され,各図形について,同心円の内円(または対照図形)と比較図形との大きさの比較がされ,極限法に従い上昇・下降 1 回ずつの測定がなされた。各錯視図形に対する主観的等価点と対照図形に対する主観的等価点の差を錯視量として,4 セッションで平均し,さらに 4 名の観察者で平均した。

その結果では,黄色の内円において錯視(過大視)が大きく,黄色の

外円で錯視が小さくなった。これは白紙の背景との明度差が少ない部分は，錯視が生じやすいが他の部分に及ぼす錯視効果が少ないという和田陽平（1962）らの結論を支持する結果であった。また，内外円がほぼ同明度の場合は，同色の同心円と，内外円で色が異なる同心円との間で錯視量の差は認められなかった。これは盛永（1935）が内外円の一体性を重視する立場とは矛盾する結果であった。分散分析の結果では，内外円の色の主効果はそれぞれ有意であったが，内外円の交互作用は認められず，上記の内外円の背景との明度差の効果は認められるが，内外円が異色でも同色でも錯視は変らないという結論を支持した。

　大山と赤塚玲子（Oyama & Akatsuka, 1962）は，外円の過小視錯視に対する内外円の同色・異色関係について，上述と同様な実験を行い，同様な結果を得ている。すなわち，錯視が起こる外円の背景との明度差が小さく，錯視を誘導する内円の背景との明度差が大きいときに，錯視が大きくなった。しかし内外円が同色か異色かは，内円の過大視の場合と同様に，錯視に有意な影響をもたらさなかった。

　また，さらに大山・赤塚（1962）は，直径がそれぞれ 9, 6, 3 cm の三重円中の中円に起こる錯視について測定している。その結果によれば，大・中・小円が赤-赤-緑のように大中円の間が同色の場合と，緑-赤-赤のように中小円の間が同色の場合の中円の錯視量に，有意な差異が見出せなかった。見えの上では前者では大中円がまとまり，後者では中小円がまとまってドーナッツ型に見えやすいが，錯視量とは関係しなかった。この結果も一体性説とは合致しない。

ツェルナー錯視に関する実験

　盛永（1933）はツェルナー錯視に関する重要な先駆的研究を行っている。その際，彼は錯視量を測定するために調整法を用いている。その方法とは，物理的には平行なのに錯視のために平行でなく開いて見える2線の開きを変えて，見かけ上で平行になるように，観察者に錯視図の2本の線の一端の物理的間隔を調整させた。このように錯視を補償して見かけ上の規則性を得るための物理的変化量を求めて錯視量の指標とす

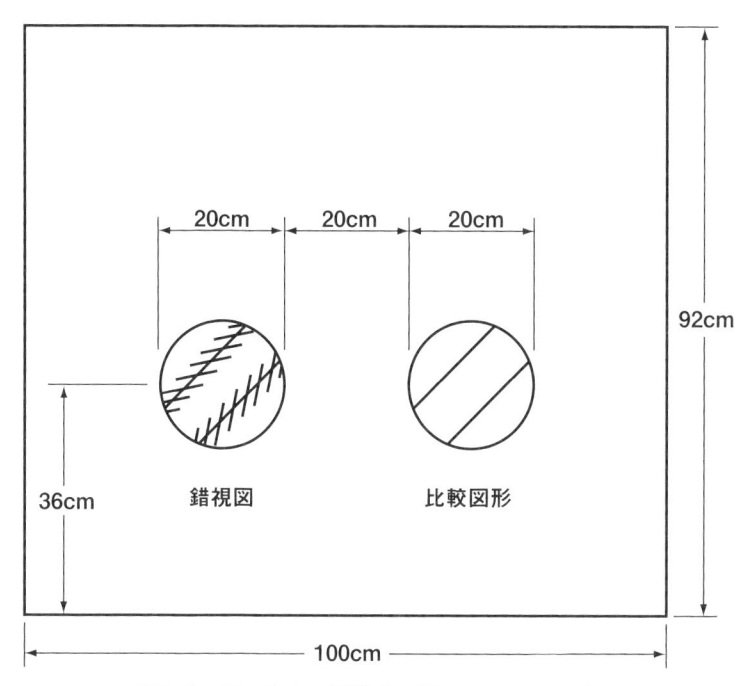

図3.7 ツェルナー錯視の実験（Oyama, 1975）

る方法は，ミューラー-リヤー錯視の測定などでもしばしば用いられる方法で，有効な方法ではあるが，厳密には問題がある。とくに錯視図全体を回転させて，異方性を問題とする場合には，ひとつの図が錯視が生じる図と錯視を測るツールを兼ねるため，結果として得られる異方性は錯視図自体の異方性か，錯視を測るツールの異方性か分離しがたい難点がある。なお平行判断自体の精度に異方性（垂直方向で精度が高く，斜め方向で精度が低い）がすでに認められているので，その効果が錯視の異方性への混入に注意する必要がある（大山, 1971; Rochlin, 1955）。

この点を是正するため大山（Oyama, 1975）は，坂場登らの協力を得て，次のような実験を行った。すなわち，**図3.7**のように錯視図形を左に，その錯視を測定する比較図形（2本線）を右に提示して，左の錯視図形中の物理的平行線において生じている錯視上の見かけの開きと等

しくなるように，右の比較図形の物理的な開きを観察者に調整法を用いて調整させた。この方法では，錯視図形の平行線は常に物理的に平行に保ちながら，測定に用いる比較図形の2線の物理的な開きが調整され，その調整角度が測定値とされた。そして，錯視図と比較図形の両者の異方性を調べるために，それぞれの垂直・45度・水平・135度・垂直（上下逆転）の5条件の組み合わせの計25条件で測定がされた。その際，斜線の交差角は30度に一定とされた。また錯視図形の代わりに平行線（対照図形）と比較刺激をそれぞれ各方向に提示する対照実験も行った。錯視図形と対照図形に対する主観的な等価点の差を錯視量とした。

5名の観察者が3セッションにわたり，各条件について6回の調整を行った。その実験結果では，錯視図に関しても比較図形（前述の錯視量の測定ツールに相当する）に関しても異方性が示された。すなわち，もっとも錯視量が多くなるのは，錯視図形も比較図形も，垂直から45度または135度の方向に提示され場合で，錯視量がもっとも少ないのは両者とも水平・垂直に提示された場合であった。ただし，比較刺激の提示方向が一定の場合は，それがどの方向であっても錯視図形の提示方向条件間で錯視量の差は明瞭であり，盛永のいうツェルナー錯視の異方性が確認された。

なお大山は，この図形布置において，斜線の交差角や斜線の長さの影響についても実験的に検討した。その結果では，交差角が約25度の場合に最大の錯視を生じ，その錯視量は5度を超えた。なお，交差角が10度では逆錯視（主線が斜線方向に傾いて見える）が見出された。また，斜線の長さが長いほど錯視が大となるが，斜線の先端の主線に対する垂直距離が視角1度を超えると限界に達し，それ以上は錯視が増大しなかった。この限界は観察距離に関係なくほぼ一定であった。また，斜線と主線の間に間隙をあけても錯視が生じるが，錯視が認められる限界も視角約1度であった。これらの実験結果はこのツェルナー錯視が，視角的（網膜像的）大きさに規定されていて，物理的に同じ錯視図でも観察距離によって錯視の生じ方が違う場合があることを示している。この点で，錯視図内の比率関係の重要な前記の同心円錯視とは，その規定要

因が異なることが示唆され興味深い。なお，小笠原（1955）も類似の図形を用いて，主線と斜線の間隙が視角約1度まで，間隙があっても方向の錯視が生じることを見出している。

なお，このツェルナー錯視を大脳皮質中の方位検出機構（orientation detector）の側抑制に起因すると考える立場がある（Blakemore, Carpenter, & Georgeson, 1970）。その立場に従うと，この錯視の異方性は，方位検出器の分布の異方性に対応し，視角1度という間隙の限界は方位検出器の受容野の大きさに対応しているとも考えられる。なおMorikawa（1987）は，斜線に相当する縞パターンに観察者を順応させると，単純化したツェルナー錯視図における錯視量が減少することを見出した。これは上記の方位検出器説に有利な結果である。

短時間提示における錯視の実験

錯視は数分の1秒というような短時間でも生じるものであろうか。もしそうだとしたら，古くから一部の学者から提唱されている眼球運動距離の長短による錯視の説明などは困難なものになるであろう。なぜなら，そのような短時間では眼球運動は生じ難いからである。

大山と森川和則（Oyama & Morikawa, 1985）は，極限法の変形である二重上下（階段）法（double up-and-down or staircase method）（芋阪，1994）を用いて，短時間提示における，ミューラー–リヤー錯視，ツェルナー錯視，ポンゾ錯視，デルブーフ錯視（図3.6参照），の測定をした。短時間提示を確実とするため，残光性の少ない蛍光剤（P-31）を使ったCRTをコンピュータで制御して，その画面上にこれらの錯視図を形成する光点群を25 ms（ミリ秒）提示し，25〜200 msのSOA（第1刺激の開始から第2刺激の開始までの間隔時間）の後，ランダムドットからなるマスク刺激を200 ms提示した。観察者は57cmの距離で観察し，大等（不明）小などの判断に応じてコンピュータの該当するキーを押した。

たとえば，ミューラー–リヤー錯視の場合は，内向図形の主線は26 mm（視角2.6度）に一定し，それに接次する外向図形の主線は観察

者の反応に応じて伸縮する。観察者が（内向図形に比較して）大反応をすれば外向図形を次の提示で1mm短縮し，小判断をすれば1mm（6分）伸長する。ただし，二重上下法では，2つの上下法系列がランダム順で交替し，ある提示に対する反応の結果が，直後に提示される刺激に影響するとは限らず，ランダム順に交替する2系列中の同じ系列の次の提示に影響する。観察者の予期を避けるための工夫である。最初は2つの系列は，内向図形に比べてそれぞれ明らかに大と明らかに小の外向図形から出発して，それぞれ観察者の反応に応じて伸縮していく。一般に最初は，両系列とも大または小の判断が連続して，同じ方向に続けて変化していく。その後，等（不明）または小（または大）の反応が出現する。等反応は無視して，大から小反応に変わったときと，また小から大に変わったときはその価を記録する。両系列でこのような反応の転換がそれぞれ5回生じるまで提示を続け，最初の転換点は除いて，残りの4転換点の平均を主観的等価点とした。ツェルナー錯視では，斜線に交差された2線の開きを観察者の反応に応じて1度ずつ変化させた。ポンゾ図形では下方に開いたハ形の斜線にはさまれた2本の水平線分の上の線分の長さを14mm（1.4度）に一定にして，下の線分の長さを観察者反応に応じて1mmずつ伸縮させた。デルブーフ錯視では内外円の直径を2cm，3cm（2度，3度）とし，同心円の右に並べて提示される比較円の直径を1mmステップで伸縮させた。これらの操作はすべてコンピュータ・プログラムによった。

　このような手続きで錯視が測定された結果，9名の観察者の平均では，25msのように短い提示でマスキングが伴っても，ミューラー–リヤー錯視とポンゾ錯視は明瞭な錯視が生じ，ツェルナー錯視では50msで明瞭な錯視が生じた。デルブーフ錯視では通常は大きい同化的錯視が現れる内外円の2：3の直径比条件で，この実験では逆に対比が現れた。田中平八は同錯視の短時間提示で錯視の消失を見出している（後藤・田中，2005）。今後の検討を要する。

3.5 図形残効

　ゲシュタルト心理学者 W. ケーラーが自らの仮説に基づいて発見した現象である。彼は，たとえば，図-地反転図形を続けて観察していると反転が起こるのは，同じ部分が図として知覚することを妨害するある種の飽和が大脳視覚領の対応部位に生じたことによると考えた。それならば，図-地反転図形に限らずどのような図形でも見続けていれば，視覚領の対応部位に飽和が起こり，その後に同じ部位に投射される図形が通常と違って見えることが予想される。

　彼はこの予想に基づいて次のような実験を行った。たとえば，まず×印とその少し上部に描かれた円を提示し，この×印をしばらく続けて注視した後で，この図を取り去り，×印とその上下に描かれた同形同大の正方形を提示し，×印を注視したまま比較すると，円形があった上方の正方形が下方の正方形より，明らかに小さく，薄く，遠くに見える。彼はこの効果を**図形残効**（figural after-effects）と呼んだ（Köhler, 1940）。

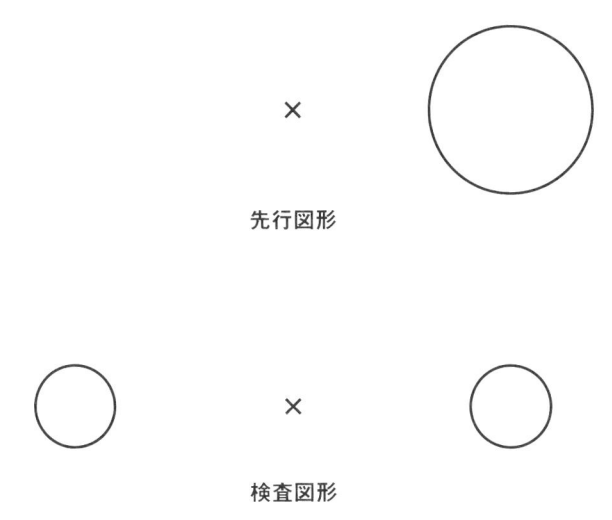

先行図形

検査図形

図3.8　図形残効図形の例
　　　試みに先行図形の×印を20秒ほど注視してから，検査図形の×印に眼を移し，左右円を比較されたい。

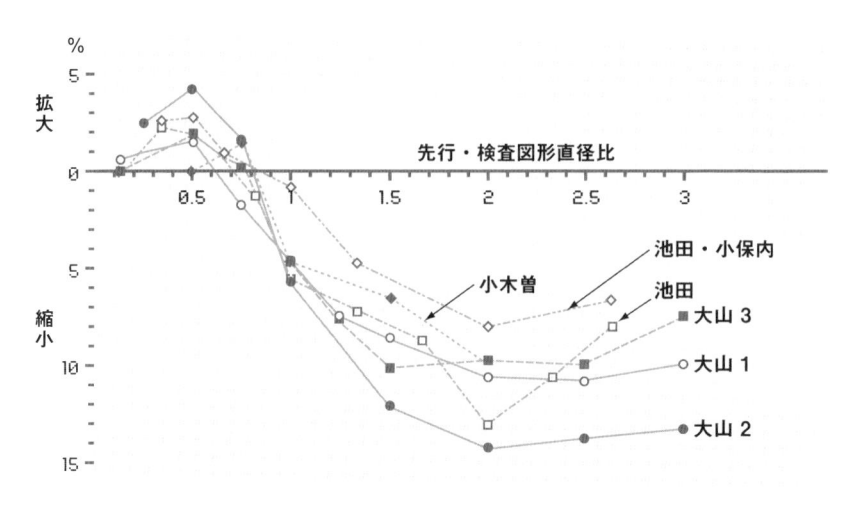

図3.9　さまざまな絶対的大きさでなされた図形残効の結果（Oyama, 1956）

　その後，彼は H. ワラックの協力を得て，さらに多くの実験を行った結果，図形残効による見えの大きさや形の変化は，〈変位〉と〈距離のパラドックス〉の原理で説明されると考えた（Köhler & Wallach, 1944）。第二次大戦後，この研究がわが国に伝えられると，盛んに図形残効の研究がなされ，国際的にも注目を浴びた（Köhler, 1969/1971；Sagara & Oyama, 1957；大山，1970；Oyama, 1978）。

図形残効の実験

　わが国での研究成果として重要なものとして，次の2点が挙げられる。まず空間的要因としては，先行（持続視）図形と検査図形の比率関係が重要なことである。先行・検査両図形として，**図3.8**のように，×印の注視点の左右に並べた円が用いられることが多いが，先行図形が検査図形より大きければ検査図形が縮小して見える。先行図形が検査図形より小さいときには，検査図形は拡大して見える。縮小・拡大が最大になる条件は，先行・検査図形の輪郭間の間隔距離でなく，両図形の大きさ（直径）の比率が重要であり，先行・検査図形の絶対的大きさをさまざまに変えても，**図3.9**に示すように両者の直径比が2：1の場合に

最大の縮小が生じ，1：2の場合に最大の拡大が生じる（Oyama, 1956；大山，1970）。これは，変化の方向が対比的に起こる点で，同心円錯視と異なるし，また最適な比の値が錯視と残効で異なるが，輪郭間の間隔でなく比率によって最適条件が決まるという点で共通している。錯視研究が盛んであったわが国でこそ生まれた成果といえる。なお先行・検査図形が同大のときは縮小が起こる。

また，研究の当初は図形残効には1分以上の先行図形の持続視が必要とされていたが，実験の結果，数秒の持続視でも，同じような図形残効が生じることがわかった。ただし，持続視時間が短いと残効が急速に減少する。持続視時間の長さは，残効の大きさそのものより，残効の持続時間を規定していることが判明した（大山，1970；Oyama, 1978）。一般に図形残効は持続視後に指数関数的に縮小するが，その勾配は持続視が長いほどゆるやかである。

さらに，先行図形と検査図形を観察者から異なった距離に提示した場合に，それらの図形の視角的（網膜的）大きさが図形残効の規定要因になるか，大きさの恒常性（4.2 参照）に基づく見えの大きさが規定要因になるかが問題となる。大山と市原茂（Oyama & Ichihara, 1973）が先行・検査両図形を 115 cm と 230 cm の異なった距離に継時的に提示できるようにタキストスコープを改造して，2つの検査円（近距離用直径2 cm，遠距離用4 cm）の大きさの比率関係を移調法（Oyama, 1959；大山，1969）という方法で測定した。観察者は先行図形提示直後の2つ検査円を観察して，その見えの大きさ比率と手元に積まれた移調用カード上の2円とを比較して，その見かけ上の比率が等しいカードを選び，その裏面を実験者に見せた。実験者は移調用の裏面の数値を記録した。移調用のカードは2系列用意され，検査図形の提示距離に応じて使い分けた。近距離用は 20 × 38 cm のカードに2つの輪郭円が黒インクで作図されたもので，左円は直径 20 mm に一定し，右円は 13 mm から 24 mm まで 0.5 mm ステップで変化した。2円の中心間間隔は 90 mm であった。遠距離用は同じ大きさのカードに左円は直径 40 mm に一定し，右円は 27 mm から 48 mm まで 1 mm ステップで変化した。2円の

中心間間隔は 180 mm であった。移調用カードはタキストスコープの手前に比率順に重ねて置かれた。5名の観察者がシリーズごとに，各条件4回の観察を行った。結果は，先行・検査図形の視角的（網膜的）大きさ比率を横軸に示すと，図 3.9 と同様な曲線が得られた。これは図形残効の規定要因は見えの大きさでなく，視角的（網膜的）大きさであることを示すものである。なお，同じ状況で測定された大きさ恒常性は非常に高いものであった。

3.6 形の属性

　われわれが感じている色，音，匂い，味などの感覚の差異（非類似性）と感覚の諸属性を空間的に表示しようとする試みは，古くからなされてきた。色立体，音の螺旋，嗅覚のプリズム，味の4面体などがその例である。たとえば，人が知覚する色彩は実にさまざまあるが，2.3 に示したように，色相，明度，彩度の3属性の円筒座標（マンセル色立体のような色立体）として，3次元の色空間中に分類できる。
　色彩においてはこのように，色相・彩度・明度の心理学的属性が確立されているが，形については心理学属性がいまだに確立されてなく，幾何学的属性を借りて記述しているのが現状である。過去において，F. アトニーヴら (Attneave & Anoult, 1956) の方法で作成したランダム図形を使って，多次元尺度法 (2.3 参照) によって解析した B. W. ベーマンら (Behman & Brown, 1968) や菊地正 (Kikuchi, 1971) の研究などがある。アトニーヴらのランダム図形とは，100 × 100 のマス目から頂点の数に相当する点をランダムに選んで，それらの点を直線で結んで不規則な多角形を作り出したものである。ベーマンらはこのような 16 個の4角形を用い，分散性，ぎざぎざさ，細長さの3次元を見出した。また，菊地は計 25 個の 4, 8, 12, 16, 20 角形のアトニーヴ型のランダム図形を用い，集約性（分散性の逆か），複雑性，対称性の3次元を見出している。

図3.10 コンピュータで作成した刺激図形（大山・宮埜・山田，2002；Oyama, Miyano, & Yamada, 2003）

図の属性に関する実験と分析

　これらの研究は，アトニーヴ型のランダム図形を用いているため，使用ランダム図形そのものの制約を受け，われわれが日常遭遇するさまざまな形を代表したものとはいい難い。そこで大山と宮埜寿夫と山田寛（大山・宮埜・山田，2002；Oyama, Miyano, & Yamada, 2003）は，より一般性があるといえる山田・大山（1996）の方法で，コンピュータを用いて作成した形を刺激図形として用いた。この方法は，円周に波状変化を加え，その波形，周波数，振幅，直線性-曲線性，規則性-不規則性を定量的に変化させたものである。この方法で作成した16図形（**図3.10**）を

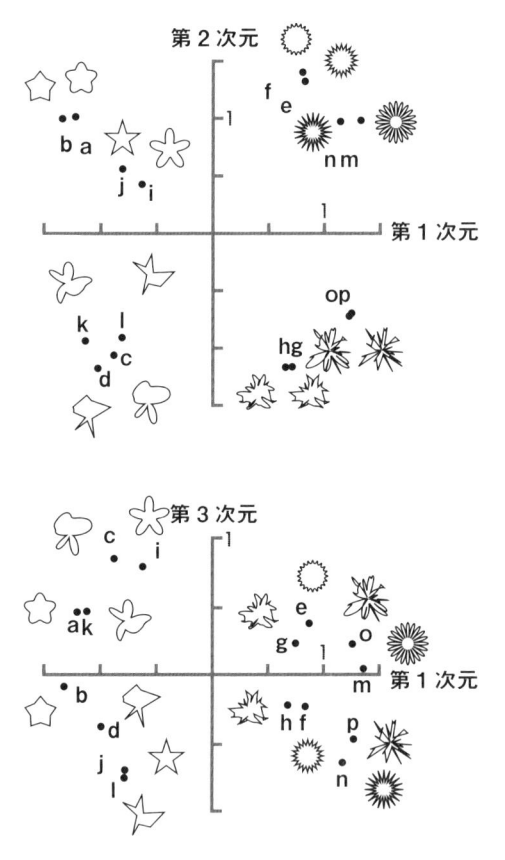

図3.11　形の類似性判断の多次元尺度法による3次元解（Oyama, Miyano, & Yamada, 2003）

刺激図形として用いた。これらの図形は周波数が5と20の2段階に，振幅も2段階に変化されている。図3.10の横列のa～d, e～h, i～l, m～pはそれぞれ周波数と振幅の低・小，高・小，低・大，高・大の組み合わせに相当し，また，曲線-直線性と規則性から見れば，縦列が左から，曲線・規則，直線・規則，曲線・不規則，直線・不規則に相当する。

　34名の大学生に対し，個人別に，これらの16図形を16枚のカードとして机上に提示し，ランダム順にそのうちの1枚を基準図形として，他の15枚をその基準図形と似ている順に机上に並べてもらった。いっ

たん並べ終えてからも，納得するまで修正させた．16 枚のカードをそれぞれ基準図形として，この操作を繰り返した．得られるデータは順位尺度に従ったものである．この研究は渡辺昌美の協力を得た．

　この操作終了後，さらに大山らが標準的に用いている 11 尺度のセマンティック・ディファレンシャル法（SD 法）（Box 1.3 参照）で評定してもらった．用いられた SD 尺度は，「良い―悪い」「好きな―嫌いな」「美しい―汚い」「動的―静的」「騒がしい―静かな」「派手な―地味な」「明るい―暗い」「軽い―重い」「陽気な―陰気な」「鋭い―鈍い」「緊張した―ゆるんだ」の 7 段階尺度であった．

　図 3.11 に非計量的多次元尺度法による解析結果における 3 次元解を示す．平均ストレスは 0.136，平均決定係数 R^2 は 0.828 であり，かなりよい当てはまりを示している．第 1 次元は，刺激図形の周波数・振幅と対応し，「複雑性」を示し，第 2 次元は，「規則性」を示し，第 3 次元は「曲線性」を示した．これは，色を分類表示する色空間に対応するいわば形-空間で複雑性，規則性，曲線性が形の心理的 3 属性といえる．

3.7　形と方向

　正方形は，大きくても小さくても，輪郭線を実線で描いても，破線で描いても，また色を変えても，正方形である．一般に，大きさや色を変えても形は変わらない．これは，音楽において音の高さを転調しても，メロディが変わらないことに似ている．この性質を，ゲシュタルト心理学者は **移調**（transposition）と呼んだ（Köhler, 1930）．形の知覚のひとつの大事な特性である．

　しかし，形は方向によって非常に変わって見える場合がある．この本を上下逆さにして読んでみれば，方向が文字の形の判別にいかに大切かがよくわかるであろう．手書き文字や，顔写真には，とくに方向が重要である．上下逆転すると，手書き文字の原稿は大変読みづらいし，顔写真は個人の特徴が薄れ，誰であるかわかりにくいし，表情も区別し難くなる．

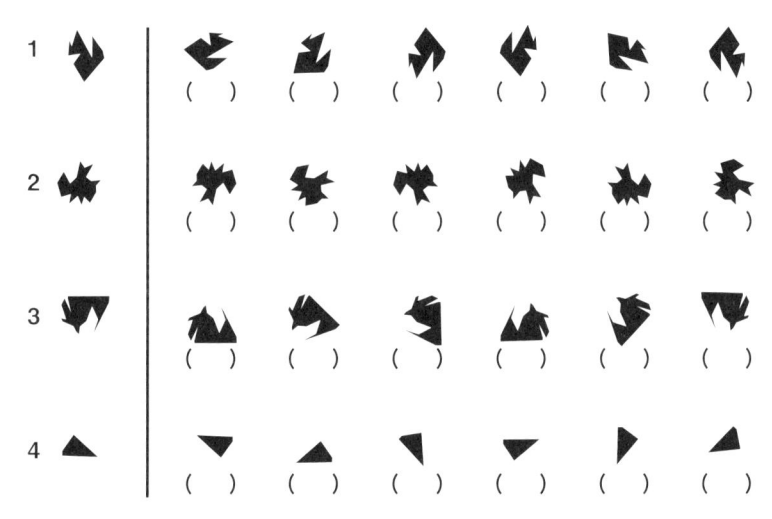

図3.12　回転図形と鏡映図形（Oyama & Sato, 1975）
10歳以上の年齢群に用いた調査用紙の一部

　一方，方向が変えられた形を，頭の中で回転して比較することも可能である。ただしそれには，若干の時間がかかる。L. A. クーパーと R. F. シェパード（Cooper & Shepard, 1984）らは，立方体を組み合わせた立体的な形や文字などさまざまな図形を用いて，**心的回転**（mental rotation）と呼ばれる現象の研究を多数行っている。それらの結果では回転を加えずに提示した場合でも1秒前後の反応時間を要したが，回転が大になるに従って，反応時間がきわめて規則的に，直線的に増加した。この傾向は，さまざまな図形で確かめられている。これは，頭の中で心的イメージを回転する速度を表していると考えられている。

各年齢層における鏡映文字と心的回転に関する実験
　これらの心的回転の研究では，鏡映図形は標準図形とは異なった形として扱われたが，子どもはしばしば平仮名の鏡映文字を書く。これはわが国に限らない国際的な傾向で，英語国では子どもはbとd，pとqをしばしば間違える。子どもは，回転した文字や形より左右裏返した文字や形のほうが，もとの文字や形に似ているようにとらえているのかもし

れない。

　大山と佐藤恵子（Oyama & Sato, 1975）は，この点を検討するため，前述の菊地が用いた図形から11図形を選んで，**図3.12**のように，標準図形を左端に置き，それを45度，90度，135度，または180度回転した図形と，左右に裏返した図形，上下に裏返した形の計6個をランダム順に並べて，その中から標準図形に似たものを観察者に順に選ばせた。観察者は，平均年齢が5, 6, 7, 10, 12, 14, 19歳の7群で，各群23～39名であった。その結果では，7歳以下の幼児は，左右裏返しの鏡映図形をもっとも似ているとして選んだが，12歳以上は45度回転の図形をもっとも似ているとした。10歳群がちょうど中間で，鏡映図形と45度回転図形を選んだ人数がほぼ同数であった。また90度以上の回転と上下逆転に対しては幼児はほとんどみな同じ程度の低い類似性しか示さなかったが，14歳以上では，回転角度が大きいほど類似性が低く判断し，上下逆転をもっとも違った形と判断した。形の同一性ないし類似性が，回転図形で保たれるか，鏡映図形で保たれるかは，人の成長発達とも関連するもので，幼児期には，鏡映図形のほうが回転図形よりも形の類似性が大きいと判断される傾向があると考えられる。

3.8　形と感情

　形は単に幾何学的性質をもつだけでなく，それを見る人にさまざまの感情を抱かせる。その感情は見る人によってばらばらなものでなく，個人を超えて共通性をもっている。たとえば，**図3.13**のEとMの2つの形に"タケテ"と"バルマ"の名を付けてくれといわれた場合，人々は，躊躇なく直線でできたEの形に"タケテ"，曲線でできたMの形に"バルマ"の名を付けるであろう。これはゲシュタルト心理学のW. ケーラー（Köhler, 1930）が挙げている例であるが，日本人の読者もまったく共感すると思う。文化や言語の違いを超えて，形が与える感情，語音が与える感情が共通しているからであろう。

　また，前述の大山ら（Oyama, Miyano, & Yamada, 2003）の研究におい

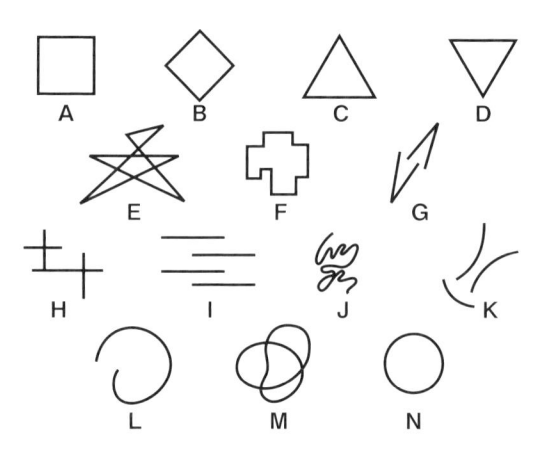

図3.13　形と語音象徴（Köhler, 1930；Oyama & Haga, 1963）

て，図の属性の実験と同じ観察者に図 3.10 の 16 図形について SD 尺度を用いて評定させた結果を，多次元尺度法で得られた前記の 3 次元空間に回帰させたところ，「良い」「美しい」「好きな」などの価値に関する尺度と「明るい」の尺度は形-空間の第 2 次元（規則性）に高い回帰を示し，「鋭い」「緊張した」などの尺度は第 3 次元のマイナス方向（直線性）に高い回帰を示した。また，「動的」「騒がしい」「派手な」の活動性に関する尺度は第 2・3 次元のマイナス方向（不規則性，直線性）に回帰を示した。形の各属性と感情の各属性が緊密に対応していることがわかる。

語音象徴に関する実験

大山と芳賀純（Oyama & Haga, 1963）は，かつて前述のケーラーの図形にその後の研究者（Fox, 1935）が用いた図形と幾何学的図形を加えた図 3.13 に示す 14 個の形に，ケーラーの"タケテ"と"バルマ"のほかに，ラマラ，リミリ，ルムル，レメレ，ロモロ，ラリラ，マミマ，カタカ，キチキ，クツク，ケテケ，コトコ，カキカ，タチタの 14 個の無意味語を加えた計 16 語から，それぞれの形に適した語を 102 名の女子大学生に選んでもらう実験を行った。その結果，ケーラーの直線図形に相

当するEには32名ずつがキチキとカキカ，9名がカタカを選んだ。また，ケーラーの曲線図形に相当する図形Mには，16名がロモロ，14名がラマラ，13名がレメレを選んだ。この選択には，直線図形Eには，カ行とタ行，曲線図形Mには，ラ行とマ行の語音が選ばれる傾向があることを明確に示している。

さらに，その他の図形に対する選択結果を見ると，図A～Iの直線図形にはカ行とタ行，J～Nの曲線図形にはマ行とラ行が専ら選ばれた。これらの結果では，子音の影響が強く現れ，母音の違いはあまり関係しなかった。kとtの子音と視覚的直線性・鋭角性が硬く鋭く冷たいの感情を，mとrの子音と視覚的曲線性がやわらかく鈍く暖かいの感情を，共通に生むためであろう。このことは，大山らのSD法による分析によって裏付けられている。ケーラーのあげたタケテ，バルマの例は，このような一般傾向のひとつの現れと理解すべきであろう。

形の象徴性の国際比較実験

大山ら（Oyama, et al., 2008）は，図3.10に示した16図形を用いて形の象徴性の文化間比較研究を行った。16図形を用いて，10の単語を表すのにもっとも適した形を，日・台・韓・米・豪・伊・独・セルビア・スロバキアの9地域の大学生に選んでもらった。その結果は，文化と言語を超えて非常に共通していた。たとえば，多くの地域で「幸福」には基本形の5周期または20周期の波形円（a, m），「怒り」「破壊」「不安」「恐れ」には不規則な多角形（p, o, g, h），「永遠」には5角・20角星形と20周期の波形円（j, m, n）等，「驚き」には規則的で鋭角の20角星形（n, f），「時間」には規則的な20周期の波形円と20角星形（e, f, n），「創作」には比較的単純な不規則曲線形（k）とそれについで規則的な20角星形（n）が選ばれた。

ただし，「幸福」に対しては西洋では東洋に比べて多周期で振幅の大きい波形円（m）が多く選択された。これは，「幸福」の概念が西洋で東洋より高揚性が強いことに基づくと推定される（北山・内田・新谷，2007）。また，「孤独」に対しては東洋で不規則直線形（l, d），西洋で

不規則曲線形（c, k）のほか規則的直線形（b）も多かった。これは「孤独」は東洋では価値低く，緊張感を伴うためと解される。このように，形の象徴性については文化差が少なく，存在してもそれは形の感じ方の文化差でなく，「幸福」や「孤独」の概念の文化差に基づくものと推定される。

色と形の合成による感情効果の実験

　色の感情効果については，第2章で述べ，形について上述した。それでは，色の線で種々の形を描いた場合，色と形の感情的効果はどのように合成されるだろうか。赤，黄，緑，青，紫の5種の色と図3.10のうちのa, e, h, n, oの5種の形を組み合わせて実験してみたところ，色の線で描かれた形の感情効果は，次の（3.3）式のような色と形の感情効果の加重平均（一次回帰式）で表されることがわかった(Oyama,Yamada, & Iwasawa, 1998；大山，2000)。

$$E(CF) = 0.24\ E(C) + 0.28\ E(F) - 0.09 \quad (R^2 = 0.34),$$
$$A(CF) = 0.54\ A(C) + 0.61\ A(F) - 0.00 \quad (R^2 = 0.68), \quad (3.3)$$
$$L(CF) = 1.18\ L(C) + 0.31\ L(F) - 0.33 \quad (R^2 = 0.62),$$
$$S(CF) = 0.48\ S(C) + 0.72\ S(F) - 0.07 \quad (R^2 = 0.81),$$

　ここで E, A, L, S はそれぞれ価値，活動性，軽明性，鋭さ因子得点を表し，C は色，F は形，CF は色がついた形を意味する。色の因子得点，形の因子得点から色がついた形の因子得点がどのように予測できるかを示す式である。色と形の得点の前についた係数はそれぞれの影響力の重みを示す。一般に決定係数 R^2 は大きく，この式は予測にかなり有効なことがわかる。また，重みの値から，色の影響が大きいのは軽明性 L，形の影響が大きいのは鋭さ S で，活動性 A は色と形の影響はほぼ均等であった。また価値評価 E は前述（2.12）の配色の場合と同様に，決定係数が小さく，色と形の得点だけからは予測しがたく，それらの組み合わせの仕方（交互作用）が重要なことがわかった。

3.9 知覚的群化

ゲシュタルト心理学の創始者 M. ウェルトハイマー（Wertheimer, 1923）は，単純な点や線の図形を用いて，それらがばらばらのものとしてでなく，おのずからまとまって見える**群化**（grouping）の現象を例として，知覚の体制化を規定する要因を探求し，次のような諸要因（または法則）を見出した。これらは**ゲシュタルト要因（法則）**とも呼ばれる（Metzger, 1953/1968；盛永, 1957；大山, 2000）。

① 近接の要因
② 類同の要因
③ 閉合の要因
④ なめらかな経過（あるいはよい連続）の要因
⑤ よい形の要因
⑥ 共通運命の要因
⑦ 客観的構えの要因
⑧ 過去経験の要因

これらの要因については，群化をはじめとする多くの知覚現象の重要な規定要因として繰り返し多くの教科書に記述されてきたが，多くの場合それらの諸要因は並列的に列挙されていて，それらの影響力の相対的比較や量的測定に乏しかった。

以下では，主として大山らがこれらの要因の効果の量的測定を目指して行ってきた実験的研究結果を紹介し，知覚情報処理との関連を論じる（大山, 2003；Oyama & Miyano, 2008）。

近接の要因の量的測定

同じ図形を観察していても，長く観察し続けると必ずしも上記の群化の要因の通りの知覚が生じるとは限らない。たとえば，**図3.14**のような4行4列に並んだドットを観察する場合，近接してドットが並ぶ横列がまとまって見えるとは限らない。より間隔が広い縦列がまとまって見える場合もある。

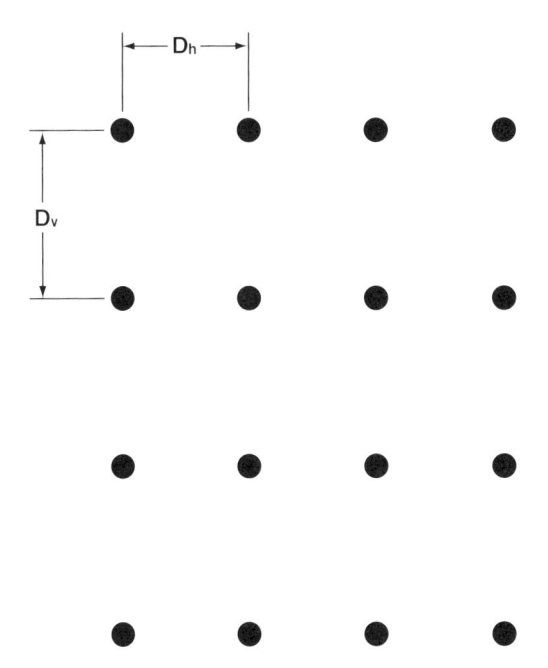

図3.14 近接の要因の量的測定（Oyama, 1960）

　大山（Oyama, 1961）はこの点に注目して，この2通りの見え方が生じる時間比率を指標として近接の要因の量化を試みた。種々の縦横間隔を持つ図3.14のような図形を120秒ずつ提示し，4名の観察者に，前述の図-地反転実験のように，縦のまとまりが生じた場合は一方のキーを，横のまとまりが生じたときは他方のキーを押させた。その結果，縦のまとまりが生じた合計時間を T_v，横のまとまりが生じた合計時間を T_h とするとき，縦のドット間隔 D_v，横のドット間隔 D_h との間に次の(3.4)式のような関係が認められた。

$$T_v / T_h = (D_v / D_h)^{-3} = (D_h / D_v)^3 \qquad (3.4)$$

すなわち，近接の要因による群化が生じる時間は間隔距離の3乗に反比例した。

　この研究は簡単なものであるが，群化の要因の量的研究の嚆矢して評価されている（Kuvoby & van den Berg, 2008）。

群化における類同の要因の量的測定

図3.15に4行4列に並んだ小円は，近接の要因によって縦4列にまとまって見えることもあるし，類同の要因に基づき横4行にまとまって見えることもある。ここで，上下の間隔と左右の間隔の関係を調整すれば，縦のまとまりの傾向と横のまとまりの傾向が均衡した配置が作れる。大山と清水正子と戸澤純子（Oyama, Simizu, & Tozawa, 1999）はコンピュータ画面上に図3.15のような刺激配置を提示し，それらの刺激対象の上下間隔を一定（視角2度）とし，左右間隔を観察者の反応に従い二重上下法（3.4の短時間提示の錯視実験参照）によって視角15分ずつ伸縮させて，縦横のまとまりの起こりやすさの均衡点を求めた。その際，各刺激対象の色相・輝度・形・大きさの類同性を変化させて，均衡点への影響を調べた。

赤い，中輝度の，中位の大きさの円を基準の刺激対象とし，それと組み合わされる刺激対象の色相を赤・緑・青の3種，輝度を高（0.8 cd/m^2）・中（0.3 cd/m^2）・低（0.07 cd/m^2）の3段階，大きさを大（直径の視角1度24分）・中（42分）・小（21分）の3段階，形を等面積の円・

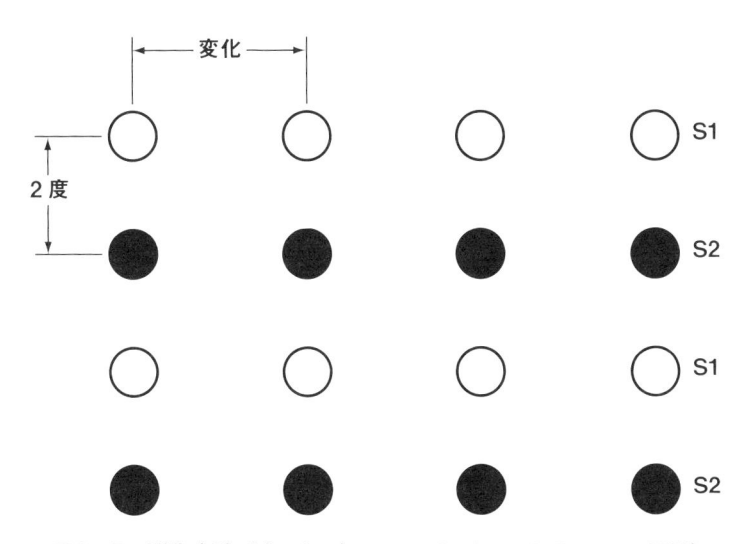

図3.15　群化実験パターン（Oyama, Simizu, & Tozawa, 1999）

正方形・正三角形の3種に変化した。

　実験の第1部では，色相・輝度・大きさ・形のうちの1つの刺激属性だけが3段階に変えられた。他の属性は上述の基準の条件に保たれた。その結果では，刺激対象間の輝度や大きさの差が大きいほど，水平の群化と垂直の群化の生起率が均衡するための水平間隔（均衡間隔）が大となった。たとえば，大きさシリーズでは，大中，中小の組み合わせよりも大小の組み合わせで，輝度シリーズでは高中，中低より高低の組み合わせで，均衡間隔が大となった。このような結果に基づけば，色や形などの質的知覚次元についても均衡間隔を指標として類似性の大小を測定できることになる。

　実験の第2部では，色相・輝度・大きさ・形の差（赤：緑，輝度比1：2.7，直径比1：2，円：三角）を組み合わせた刺激を用いて，異なった知覚属性の非類同性（差異）が群化現象に加算的に作用するか否かを4属性に関する差のすべての組み合わせ16条件で検討した。

　その結果では，色相だけ，輝度だけという風に1つの属性だけが違う刺激対象の組み合わせよりも，色相も違い輝度も違うというような2つの属性で違う刺激対象の組み合わせ，さらには，色相・輝度・大きさなどの3属性で違う刺激対象の組み合わせ，色相・輝度・大きさ・形の4つの属性で異なっている刺激対象の組み合わせとなるほど，順々に均衡する水平間隔が大となった。すなわち，差異のある属性数が増加するほど均衡間隔が増大した。これは，色相・輝度・大きさ・形の4属性にわたる差異が加算的に働き，差異を大きくし（類似性を下げて），差異をもつ対象間の（垂直方向の）群化の生起を妨害することを示している。それと均衡を保つためには水平間隔を増加させる必要があったのである。

色・輝度・大きさ・形などの差異の効果の加算性に関する数理的解析

　大山と宮埜寿夫（大山，2003；Oyama & Miyano, 2008）は，上記の実験で明らかにされた群化における色相・輝度・大きさ・形などの差異の効果の加算性を数理的に明らかにするために，下記のような重回帰分析を

行った．色相・輝度・大きさ・形などの差異（異質性）の効果を H, L, S, SH（差異があるときは 1，ないときは 0）とすると，それらの組み合わせの効果（その指標は均衡間隔 X, 単位は視角の度）を

$$X = D + hH + lL + sS + shSH + e \qquad (3.5)$$

（D は定数, h, l, s, sh は係数, e は誤差）として，群化の実験第 2 部の 16 条件の結果（全観察者の平均値）に当てはめると，

$$X = 2.04 + 0.43H + 0.21L + 0.39S + 0.36SH \qquad (3.6)$$

（決定係数　$R^2 = 0.830$）

が得られた．高い決定係数が当てはまりのよさを示す．これは色相・輝度・大きさ・形の差異の効果が線型的に結合していることを示している．上記の類同性-異質性の効果の加算性が数理的に実証された．

　上式において定数 D は 2.04 とほぼ 2.0 となり，実験中は一定に保たれた垂直間隔（視角 2.0）に相当すると考えることができる．これは空間間隔が質的属性の差異と並んで，機能するものであり，空間位置の差異（異質性）として群化を規定していることを示唆している．言い換えれば，近接の要因と類同の要因の効果が（3.5）式では統合されていることになる．

　以上の解析結果は，色相・明るさ・大きさ・形などの知覚属性に関する情報が統合されて，それらの総合的な知覚の類同性-異質性が知覚群化を規定していることを示唆している．さらに，それらの質的な類同性と空間間隔の近接性が均衡するということは，質的属性の情報と空間位置の情報が比較される知覚情報処理の水準があることも示唆している．

ユークリッド距離か市街距離か

　（3.5）式では，色相 H・輝度 L・大きさ S・形 SH の効果が線型結合されている．しかし，色相 H・輝度 L・大きさ S・形 SH を直交軸とするユークリッド空間中では，距離 X はピタゴラスの定理に従い，

$$X = D + (hH^2 + lL^2 + sS^2 + shSH^2)^{1/2} + e \qquad (3.7)$$

となるはずである．試みに（3.7）式を実験データに当てはめてみたところ，決定係数は 0.761 となり，（3.5）式に従った場合より小さく，当

てはまりがやや悪かった．(3.2)のような線型結合は各座標軸に平行な距離を加算したもので，**市街地距離**（city-block metric）と呼ばれるものに相当する．

　その後，大山と宮埜寿夫・木村英司・小貫隆史（大山・宮埜・木村・小貫，2009）は，知覚的群化において，色相 H・輝度 L・大きさ S・形 SH の各種刺激次元上の差異（非類似性）の効果が，市街地距離方式（線型加算）で統合されるか，ユークリッド方式（2乗和の平方根）によって統合されるかの問題を，新たな2実験でさらに検討した．実験1では，基準の刺激 S1（図3.15中の第1, 3行）は赤い低輝度（$1.0\,\mathrm{cd/m^2}$）の小円（円の直径が視角21分）に一定とした．S2（図3.15中の第2, 4行）は，色相を赤（色度座標 $x = 0.58$, $y = 0.32$）・緑（$x = 0.23$, $y = 0.60$）・青（$x = 0.15$, $y = 0.06$）の3種，輝度を低（$1.0\,\mathrm{cd/m^2}$）・中（$2.2\,\mathrm{cd/m^2}$）・高（$4.5\,\mathrm{cd/m^2}$）の3段階，大きさを小（直径が視角21分）・中（42分）・大（1度24分）の3段階，形を円・正方形・正三角形（等面積）の3種に変化した．S2をこの4つの知覚属性が基準の刺激と同一，もしくは1属性または2属性がS1と異なる知覚情報をもつように変化させた33条件を用いて4名の観察者に対して実験を実施した．背景は黒色．実験結果に市街地モデルを適用した場合の決定係数が0.790であったのに対して，ユークリッド・モデルに基づく (3.7) 式を適用した場合の決定係数は0.850でより大であった．

　実験2では，提示する刺激対象は，(1) 赤い低輝度（$1.0\,\mathrm{cd/m^2}$）の小円（直径が視角21分）を基準とする．そして，(2) 基準の色相のみを青に変化させた刺激，(3) 輝度のみを変化させた刺激（$4.5\,\mathrm{cd/m^2}$），(4) 大きさのみを変化させた刺激（視角1度10分），(5) 形のみを正三角形に変化させた刺激，に基準の刺激を加えた5刺激を用いた．ただし，実験1とは異なり，図におけるS1・S2両方に5刺激すべてが提示された．これらのすべての組み合わせ25条件を用いて6名の観察者に対して実施した．ピタゴラスの定理を直接に検証する方式で検討した．すなわち，刺激ABCがあったときに，AB間の差の効果とAC間の差の効果からBC間の差の効果を予測する際に，市街地距離モデルとユー

クリッド距離モデルの有効性を比較した．それらの結果では，色相・輝度・大きさ・形の知覚差異情報をユークリッド距離としたモデルのほうが各知覚差異情報を市街地距離にしたときよりも当てはまりがよかった．すなわち，たとえば赤と青の間の色相の差による効果と大きさの大小だけの差から，両者の合成である赤大と青小の間の差の効果を予測するような場合に，市街地モデルに従って算術的加算による予測値と実測値の間で比較すると，色相と形の組み合わせ以外のすべての知覚属性間の組み合わせ 5 条件で有意に実測値のほうが小さかった．ところがユークリッドモデルに従いピタゴラスの定理を使って 2 乗和の平方根で予想した場合と予測値との比較では，形と大きさの組み合わせにおいて実測値のほうがいずれのモデルの予測値よりも有意に小さかった以外は，有意差が見出されなかった．すなわちユークリッド距離モデルが市街地距離モデルより有効であることを示唆する結果であった．

3.10 まとめ

1) 円形を白黒の扇形領域に分けた図-地反転図形を使用し，いずれの領域が図になったかにより 2 種のキー反応をする実験で，一定の観察時間内の各反応の合計時間の 100 分率を測定値として，図になりやすさに及ぼす，扇形角度，周囲との明度差，扇形領域の方向の効果を測定した．扇形角度が小さいほど，明度差が大きいほど，また垂直・水平方向が斜め方向より図になりやすいことが確認された．S-R 型の測定法である．

2) カニッツァ型の主観的輪郭図において，切り込みのある円盤間の間隔距離を刺激変数として，主観的輪郭の明瞭度とそれに囲まれた領域の見えの明るさ，見えの奥行きを，それぞれ 10 点満点で観察者に評価してもらった．それらの結果を，偏相関を用いた因果推定法で処理したところ，刺激変数である間隔距離は主観的輪郭の明瞭度の変化を媒介として，見えの明るさと見えの距離を規定していて，決してその逆ではないことが判明した．S-R 型の測定法である．

3) 2つの明るさまたは色の矩形領域が交差し，その交差領域の明度，色相がそれらの矩形領域の中間である場合，交差領域は，2つの明度または色相が重なって見え，そのうちの上層の部分が透明に見える透明視現象が生じ，連続観察していると上層と下層の交替が起こる。図-地反転実験と同じ方法で測定すると，交差部分の明度または色相と両矩形部分のそれとの類似性に応じて，規則的に上層になりやすさが規定されていることが判明した。S-R 型の測定法である。

4) デルブーフの同心円錯視において，内外円を有彩色とし，それらを同色と異色とした場合を比較した。内円の過大視も外円の過小視も，同色・異色と関係なしに同程度に生じた。色相類似性に関係なく，錯視が生じる側の円の背景との明度差が小さく，影響を与える側の円の背景との明度差が大きい場合に錯視が大きかった。極限法を用いた主観的等価点の測定であり，典型的な S-S 型の測定であった。

5) ツェルナー錯視を錯視図形と比較図形を分けて，それぞれ独立に回転させて，錯視量に及ぼす異方性を調べた。錯視図形・比較図形いずれの場合も，垂直・水平方向で錯視量が少なく，斜め方向で錯視が大きく現れた。またツェルナー錯視の交差角が約25度で錯視量が最大となり，10度では逆錯視が現れた。また斜線と平行線が交差せず，その間に間隙があっても，間隙が視角1度に達すると錯視が生じなくなる。このツェルナー錯視は網膜的大きさに影響される錯視で，比率関係が重要な同心円錯視などと別種の錯視であることがわかった。調整法により主観的等価点を求める典型的な S-S 型の測定法が用いられた。

6) コンピュータ制御によって，ミューラー–リヤー，ツェルナー，ポンゾ，同心円錯視の4種の錯視図を25 msの短時間提示し，その後，25〜200 msのSOA（開始–開始間隔）をあけてランダムドットからなるマスク刺激を提示した。このようなマスキングを伴う短時間提示でも錯視は生じることがわかった。ただし，同心円錯視は普通と逆の対比方向に生じた。この後の検討を要する。測定は，コンピュータ制御によって，極限法の変形である二重上下法で主観的等価点が求められた。S-S 型測定である。

7) 先行刺激の残効により図形の大きさが変化して見える図形残効について，わが国で種々の時間・空間条件によって得られた結果を総括した。時間条件に関しては，先行図形の提示が長いほど，残効の減衰過程は遅くなるが，直後の残効量は先行図形の提示時間が短くても変わりないことがわかった。空間条件については同心円錯視図形などと同様に先行・検査図形の大きさ比率関係が重要であり，2：1，1：2のときに最大の残効が現れる。ただし，変化方向は錯視と逆の対比方向である。先行・検査図形の観察距離を変えた場合，残効は網膜的大きさに規定された。これらの研究では，種々の精神物理学的方法で主観的等価点を求める S-S 型の測定法が用いられた。

8) 色を系統的に分類する色立体のように，形を分類する座標を見出すために，コンピュータ・プログラムで円周に波状変化を加え，その波形，周波数，振幅，規則性を変化させた16図形を用い，その間の類似性の順位を多数の観察者に判断してもらった結果を，非計量的な多次元尺度法で分析したところ，複雑性，規則性，曲線性の3次元解を得た。順位尺度に基づく S-R 型の分析である。

9) アトニーヴ型のランダム図形を用い，種々の角度に回転した図形と鏡映図形間に感じる類似性の順位判断を，5～19歳の観察者に求め，形の類似性知覚の発達的研究を行った。幼児では鏡映変化を与えた図形を類似と判断するが，年長者は回転した図形を類似と判断する。10歳が両者の転換点であった。順位尺度に基づく S-R 型の研究である。

10) 形と語音象徴との関係を，ケーラーのバルマ・タケテ図形を含む種々の無意味図形と無意味音節で，大学生に調査したところ，マ行，ラ行の語音は曲線図形と結び付け，カ行，タ行は直線図形と結び付ける傾向が強かった。名義尺度に基づく S-R 型の研究である。

11) 前述のコンピュータ・プログラムによる16図形と10の抽象語の結び付けを9カ国8言語の大学生群に対して実施した結果，図形と語の組み合わせ方に，文化・言語を超えた共通性が見出された。一部，東洋と西洋の間で結果の差異が見出されたが，形の感じ方より，「幸福」などの語に対する感じ方の文化差によるものと推察された。名義尺度に基

づく S-S 型の研究である。

　12) 知覚的群化における近接の要因と類同の要因の効果を量的に比較するために，横行は同質で，縦列は1つ置きに異質の対象が，4行4列に並んだ図形をコンピュータ画面に短時間提示し，縦にまとまって見えるか，横にまとまって見えるかに応じて，観察者に2種のキー反応を求めた。その間，縦列の間隔距離は一定に保ち，横行の間隔距離を観察者の反応に応じて伸縮して，縦のまとまりと横のまとまりの起こりやすさが均衡する間隔距離を求めた。各種刺激条件下で，2つの反応が均衡する刺激条件を求めているので，一種の S-S 型の測定法である。その際，2対象の輝度，色相，大きさ，形などの差異がいかに組み合わされて，2対象間の類同性を規定し，均衡間隔に影響するかについて，線型加算に基づく市街地モデルと2乗和に基づくユークリッド・モデルのいずれが，実験データに良く当てはまるかを検討した結果では，ユークリッド・モデルが優位であった。

第4章

Measurement of space perception
空間知覚の測定

4.1 遠近感の手がかりと距離知覚

目の網膜に投射される映像は 2 次元的であるにもかかわらず，われわれは 3 次元空間を知覚する。平面的な網膜像が人々になぜ遠近感を生じさせるのかは昔から問題とされてきた（Berkley, 1709/1990；Boring, 1942）。そこで考えられた遠近感の手がかり（depth cues）とされているものには，まず図 4.1 のように，網膜像のピントを合わせるために目のレンズである水晶体のふくらみを毛様体筋で変化させる**調節**（accommodation）がある。加齢に伴い調節力が低下することが知られている。いわゆる老眼である。

また，**図 4.2** のように，注目する対象の遠近に応じて両眼の視線の交わりを変化させる**輻輳**（convergence）など，生理的過程が明確な手がかりがある。両眼の視方向の交差角である輻輳角（α）は，注視距離を D，両眼間間隔を a としたとき，(4.1) 式で近似的に表せる（Graham, 1965）。

$$\alpha \fallingdotseq a/D \,(\text{ラジアン}) = 57.3\, a/D \,(\text{度}) \qquad (4.1)$$

人の目は 2 つあり，6 cm あまり左右に離れている。そのため左右の目にわずかに違った映像が投射されていることが注目されて，**図 4.3** のように 19 世紀に左右の目に少し視点が異なった写真や図を提示することにより立体感を生じさせるステレオスコープが開発された（Boring,

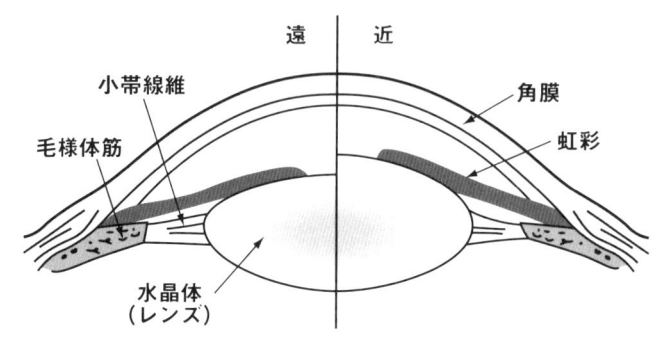

図 4.1 調節。遠・近を注視している場合の比較（大山，2000）

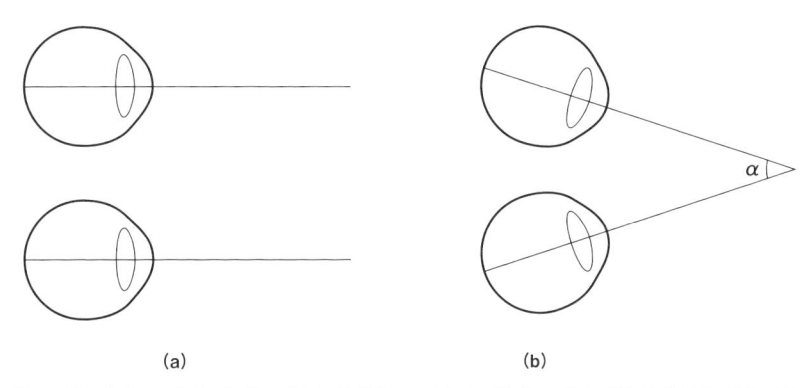

図4.2 輻輳。(a) 非常に遠方を注視している場合，(b) 近距離を注視している場合（Boring, Langfeld, & Weld, 1948）

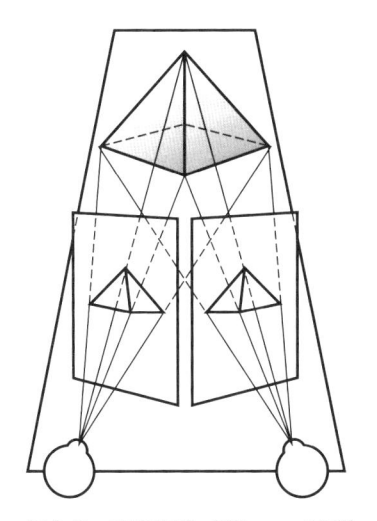

図4.3 両眼視差（Gibson, 1950）

1942)。**両眼視差**（binocular parallax）である。偏光メガネをかけて見る現代の3D映画などはその発展である。両眼視差$\varDelta\theta$は，(4.2) 式で表せるように，その幾何学的性質上，遠距離になると観察者からの距離の2乗に反比例して急速に減少することが知られている（**図4.4**）(Graham, 1965)。

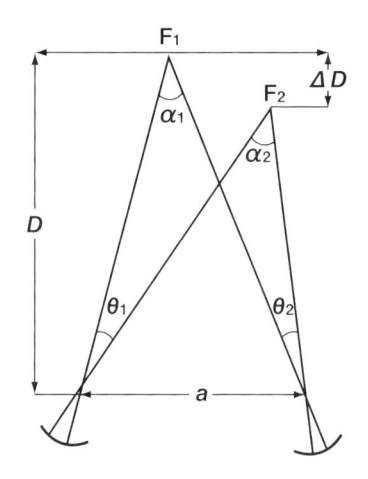

図4.4　両眼視差の幾何学（Graham, 1965）

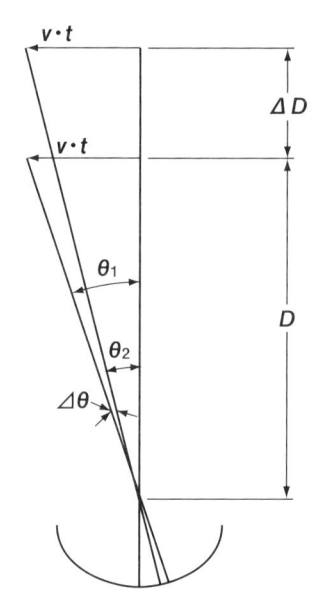

図4.5　運動視差（Graham, 1965）

$$\Delta\theta = \theta_1 - \theta_2 = \alpha_2 - \alpha_1 \fallingdotseq a/(D-\Delta D) - a/D$$
$$\fallingdotseq a\Delta D/D^2 \text{(ラジアン)} \qquad (4.2)$$

　また，**図4.5**のように，観察者の視線に対し直角方向に物理的には同じ速度で移動する対象も，網膜上では，近くの対象の像は速く，遠方の対象の像は遅く移動する。対象が静止し，観察者が横に移動する場合も同様である。車窓から見る景色で体験できる**運動視差**（motion parallax）である。観察者からの距離 D と $D+\Delta D$ を等しい直線速度（秒速）v で平行に移動している2対象の視角上の運動視差 w は（4.3）式で表せる。ここで d は微分記号，t は時間，$\Delta\theta$ は遠近対象間の視差を表す。

$$w = d\Delta\theta/dt = d(\theta_1 - \theta_2)/dt$$
$$= d[vt/D - vt/(D+\Delta D)]/dt$$
$$\fallingdotseq v\Delta D/D^2 \text{(ラジアン/秒)} \qquad (4.3)$$

　この式により運動視差 w は速度 v に比例することがわかる。遠景では，この運動視差のほうが両眼視差よりも遠近感の手がかりとして有効である。運動視差は運動対象または観察者の速度 v に比例して増大する

図4.6　オプティカル・フロー（Gibson, 1950）

図4.7　写真における透視図法

から，高速化するほど重要な奥行きの手がかりとなる。そこで，飛行機のパイロットの奥行き知覚に関連して研究された（Gibson, 1950）。**図4.6**に矢印で示されているような，観察者または対象の運動に伴う多くの映像の流れは，**オプティカル・フロー**（optical flow）と呼ばれる。

　その他の遠近感の手がかりとしては，遠近感の絵画表現にも広く用いられる線遠近法（透視画法）（**図4.7**）（Box 4.1），網膜像の大きさ（網膜像が大きいものほど近くに見える），陰影（事物の下部に陰があると突出して見え，事物の上部に影があるとへこんで見える），大気遠近法（明暗の差が少ないものは遠く見える），重なり合い（重なり合って隠しているものは近く，隠されているものが遠くに見える），テクスチュアの勾配（地面などに分布している稲株，樹木や砂利などの映像が小さく緻密になるほど遠く見える）などがある（Gibson, 1950）。これらは絵画や写真だけでなく，日常生活における肉眼による遠近感の手がかりとして大いに役立っている（大山，1970, 1979, 2000）。

BOX 4.1 透視画法と遠近感

　透視画法（線遠近法）は単眼視における奥行き情報を正確に再現する。しかし，正確に透視画を見るための観察者の視点の位置が1点に限定されているなどの限界がある。また，透視画において注意すべきは，画面上の縦横の寸法（たとえば，柱の高さ）は，輻輳と同じように，対象の観察距離に単純に反比例して縮小するが，奥行きの寸法（柱の間隔）は，両眼視差や運動視差と同様に，(4.4)式のように，観察距離のほぼ2乗に反比例して，さらに急速に減少する（**図4.8**）。

$$\varDelta\theta = \theta_1 - \theta_2 \fallingdotseq l/D - l/(D+\varDelta D) \fallingdotseq l\varDelta D/D^2 \quad \text{（ラジアン）} \tag{4.4}$$

　したがって，視線方向に等間隔に前後に並ぶ形や石畳のテクスチュアは観察点（写真であれば撮影点）から遠方に行くほど小さくなるだけでなく，奥行き方向の幅が狭くなるように変形する。たとえば透視

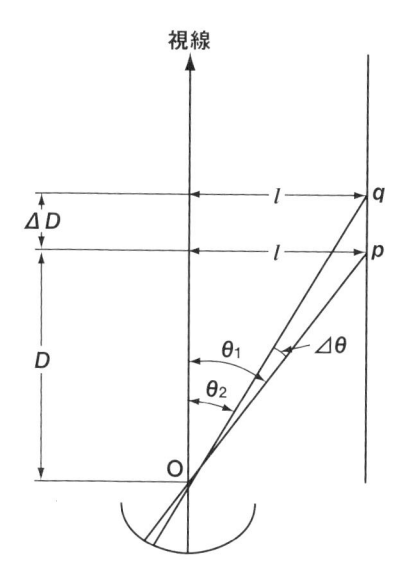

図4.8　透視画法における前後間隔の与える視角（大山，2000）

画法では，図4.7のように，正面方向に遠方まで続く道路の左右に立つ家並みの間口や窓の形は，相似形の台形ではなく，遠くのものほど，つぶれた台形になる（大山，2000，2005）。

広角レンズと望遠レンズの差は，このような縦横方向と奥行き方向の寸法関係に現れる。遠方から，望遠レンズで撮影しても，近接して標準レンズで撮影した写真の代用にはならない。たとえば，望遠レンズで正面から写した自動車の車列は車間距離が非常に接近してぶつかりそうに見えるのは，上述のように距離の増大にともなう奥行き間隔の縮小率が異なるためである（黒田，1992；大山，1969b，2000）。

輻輳角による距離感に関する実験

大山（Oyama, 1974）は3D映画に使われているのと類似の偏光フィル

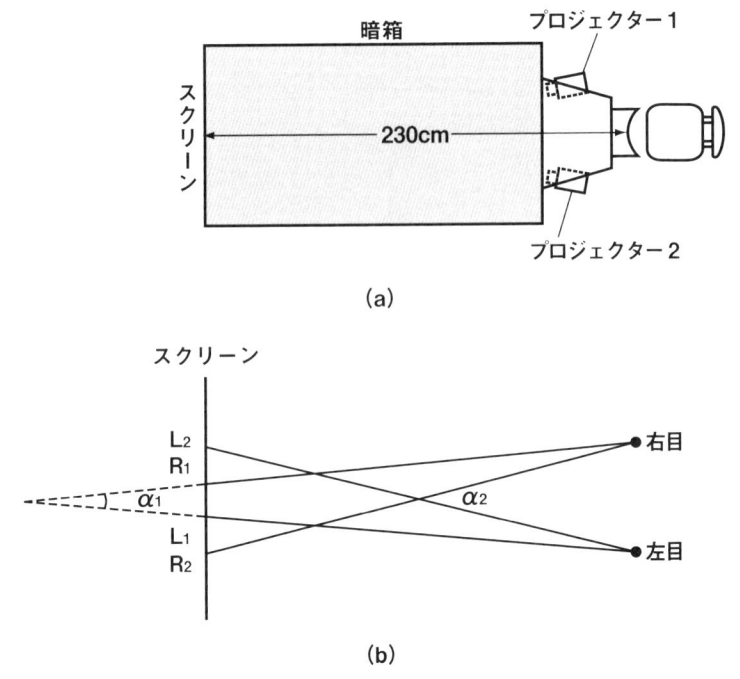

図4.9 偏光フィルターを用いたステレオ実験装置（大山，2000）

ターを用いた**図4.9**のようなステレオ装置を用いて実験した。偏光方向が90度異なる偏光フィルターを左右にはめた観察窓があり，観察者は，それを通して230 cm前方のスクリーンに投影された画像を観察する。スクリーンには2台のプロジェクターによって2つの映像が投影される。それぞれのプロジェクターにも左右の観察窓に対応する偏光方向をもつフィルターが挿入されている。したがって，左右の目にはそれぞれに対応したプロジェクターの映像しか見えない。プロジェクターの位置は微動装置により左右に移動し，投影映像の位置が変えられる。この実験では，左右の映像に同大の白いカードとトランプ（スペードの女王）の映像が用いられた。左右の映像の投影位置により，それらが融合して見える際の輻輳角が変えられる。周囲は大きな暗箱でおおわれている。用いられた映像の大きさ（縦の長さ）は1度30分から3度3分まで5段階に変えられ，輻輳角は3分から3度33分まで6段階に変えられた。ただし，この輻輳角は6名の観察者の瞳孔間距離の平均値62 mmより算出した値である。観察者が観察窓を通して見ると，暗黒の空間に白いカードかトランプの映像が浮かんで見える。その距離や大きさは，条件により異なって見える。

観察者は，あらかじめ校舎の平坦な屋上で29 cmから36.8 mの15段階の距離の位置に立てた125 cmのポールまでの距離をメートル法で答える目測の訓練を，ランダム順に4回ずつ，矯正法（回答の後で正答を教える方法）により受けた。その後，実験室で上記の装置で，1セッション中で5種の視角と6段階の輻輳角の組み合わせ30条件をランダム順に提示し，その大きさと見かけの距離について，メートル法で答えた。白カードとトランプの映像を用い，各2セッションずつ行った。

図4.10に白カードの際の距離の推定の平均値D'の結果を示す（大きさの推定の結果は後述する）。同じ30条件の結果を，図の左半分には，視角θを横軸に，右半分には輻輳角αを横軸にとり，縦軸には距離の推定値の平均を示してある。一般に，視角の大きいほど距離は近く感じられ，また輻輳角が大きいほど距離が近く感じられる結果である。しかし，平均推定値の変化範囲は最小1 m強から最大3.5 mに過ぎない。

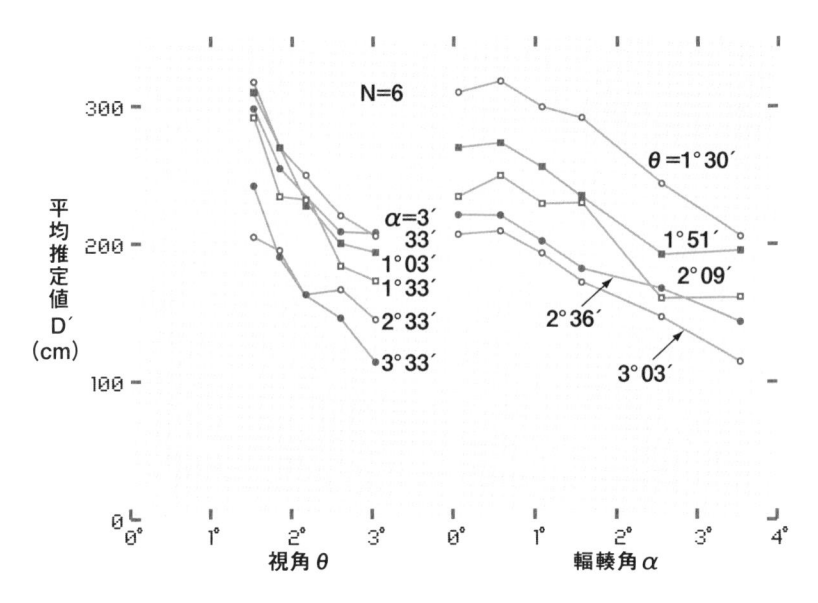

図4.10　視角 θ・輻輳角 α と距離の平均推定値 D'（Oyama, 1974）

　平均瞳孔間距離と使用輻輳角から計算すると，幾何学的には最小1cm，最大71mの距離に相当するが，実験結果では，はるかに狭い範囲となっている。また，α が最小の3分と次の33分の間の距離推定の結果は差異が認められない。輻輳角が33分以上では結果の差異が認められる。輻輳角33分は平均的観察者で観察距離6.25mに相当する。この点から，奥行き手がかりとして輻輳角の役割は，近距離に限られていることがわかる。奥行き手がかりとしての視角（網膜像）の大きさの重要性がかなり大きいこともわかる。なおトランプ像を用いた結果も白カードの結果を示す図4.10とよく似た結果であった。これは視角の大きさの効果はトランプのような既知対象に限らないことを示している。

両眼視差による距離知覚の実験

　距離知覚に対する両眼視差の影響に関する実験的研究としては，西(1933)の古典的研究がある。昔の夜間の暗黒な飛行場を用いて，2本の

第 4 章 空間知覚の測定

ポールの先端に小電球をつけ，その明るさと高さが等しく見えるように調整しておいて，100 m から 600 m の種々の標準距離で，2 個の電球の奥行きの違いが弁別できる限界，すなわち弁別閾を極限法で測定した（大山，1970；和田，1967）。その結果，もっとも遠方で弁別閾が測定できたのは 550 m で，弁別閾は 809 m であった。550 m と 1,359 m の距離の差が弁別できたことになる。これを（4.2）式に示されているように，両眼視差が輻輳角の差であることに基づき（4.1）式を使って計算すると，この際の両眼視差は視角 13 秒に相当する。暗黒中の光 2 点の奥行きの弁別であり，この事態はおそらく両眼視差以外の奥行き手がかりは利用困難であったと考えられる。この値は，実験室内で 3 本の垂直針の奥行き弁別を測る深計覚計やステレオスコープを使って測定した弁別閾値ともほぼ対応する（Graham, 1965；大山，1970）。この結果によれば，両眼視差は数百メートルまで距離知覚に有効な手がかりといえる。

4.2 大きさの恒常性

網膜像の大きさは，**図 4.11** のように，ほぼ視角に比例し，観察距離に反比例して減少するが，われわれが頭の中で感じる知覚では，遠方の対象は，網膜像が小さくても実際の大きさに近づけて知覚する。**大きさの恒常性**（size constancy）の現象である（大山，2000, 2005）。遠方にあ

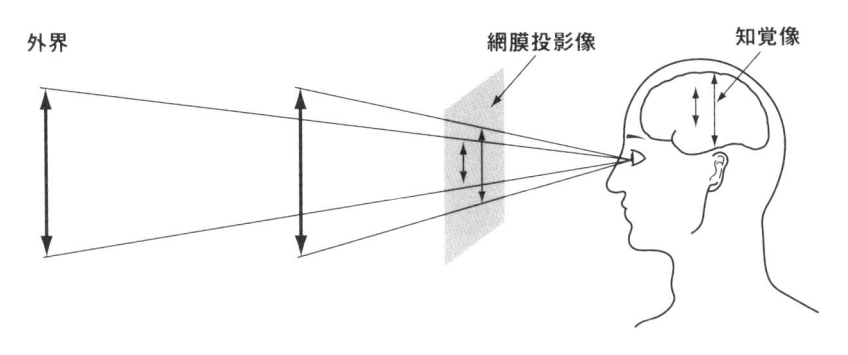

図4.11　大きさの恒常性（大山，2005）

るものの網膜像は，距離に反比例して小さくなるが，われわれの感じる大きさはそれほどは小さくならない。たとえば遠方の人物の網膜像は距離に反比例して縮小するが，小人に見えるようなことはない。近くの人物とほぼ同じ大きさに見える。これが大きさの恒常性である。

輻輳角による大きさ知覚の実験

ステレオスコープ内の大きさ知覚の研究は，古くは小笠原（1935）によりなされている。大山（Oyama, 1974）は，前記のステレオ装置を用いた輻輳角の実験に際して，同時に大きさ知覚の測定も行った。実験に先立ち，観察者に前述の距離の目測の訓練とともに，大きさの目測の訓練も行った。その際，縦の高さ 1.1 cm から 68.8 cm の 19 種の相似形の矩形の白カードを，室内の 115 cm の距離に 4 回ずつランダム順に提示して，cm 単位で目測する訓練を矯正法で行った。

図 4.9 のようなステレオ装置の実験では，刺激提示ごとにステレオ装

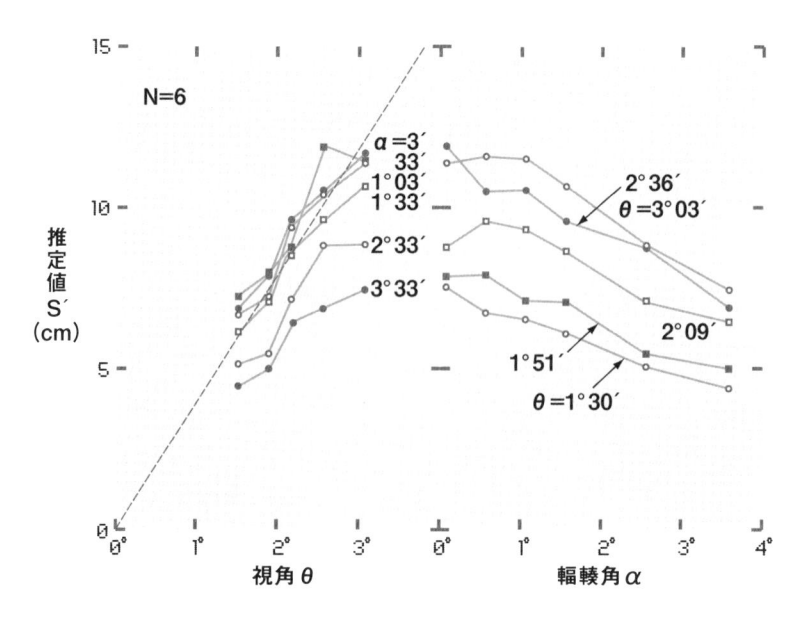

図4.12　視角 θ と輻輳角 α と大きさの推定値 S' （Oyama, 1974）

置中に浮かんで見える映像の大きさの目測値 S' をはじめに，距離の目測値 D' を次に報告した．図 4.12 に，白カードの映像に対する 6 名の観察者の平均値が示されている．左半分には視角 θ を横軸に，右半分には輻輳角 α を横軸にして，大きさ平均推定値 S' を縦軸に示している．左半分の大きさの推定値 S' は視角の上昇とともに増加しているが，破線で示す正比例関係より，勾配がやや緩やかである．視角が増大すると近くに感じられる前述の事実と関連していると推定される．右半分は輻輳角が増大すると，大きさ推定値は減少することを示し，図 4.11 の距離の推定値に対する輻輳角の影響と似ている．トランプの映像に対する結果も，この図とほぼ同様であった．

図 4.13 には白カードに対する大きさの推定値 S' と距離の推定値 D' の比を示している．両者の比 S'/D' を左右の図に，それぞれ視角 θ と α を横軸として示している．両者の比は視角の増大とともに増大するが，その勾配は正比例以上である．視角が大きいと近く知覚する傾向と関係

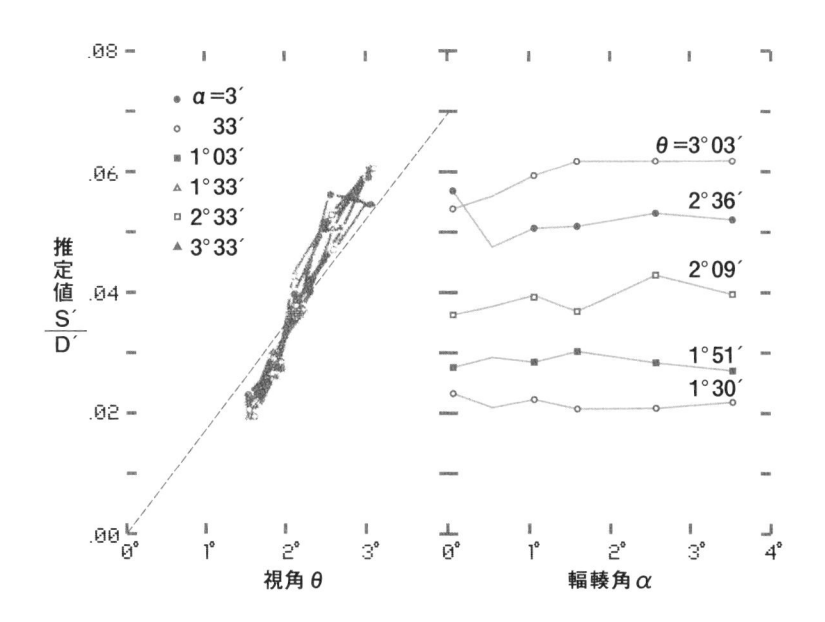

図4.13　大きさの推定値 S' と距離の推定値 D' の比率関係（Oyama, 1974）

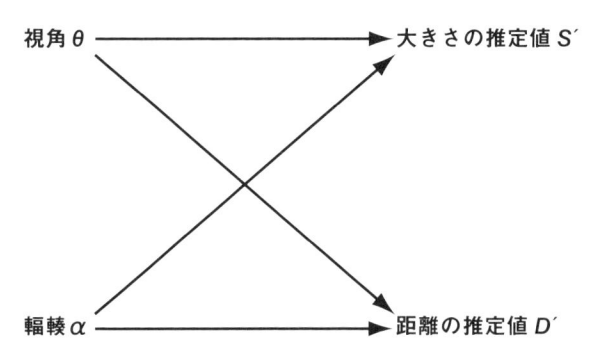

図4.14　距離D'と大きさS'の推定に及ぼす視角θと輻輳αの効果における因果経路（大山，2000）

するであろう。右半分に示すように，視角が一定の条件下では輻輳角に関係なくS'/D'の比はほぼ一定を保つ。これは視角が一定の場合の物理的大きさSと物理的距離Dの幾何学的関係に対応する関係で，大きさ-距離不変仮説（size-distance invariance hypothesis）と呼ばれる仮説によく合致する（Kilpatrick & Ittelson, 1953）。トランプの映像に対する結果も，白カード映像を用いた結果を示すこの図とほぼ同様であった。この結果は既知対象であるか否かと直接関係しないことを示している。

　なぜ大きさの推定値と距離の推定値が比例的に変化するのであろう。この点を説明する仮説として，観察者がまず対象の距離の推定を行って，それを判断の基礎として大きさの推定を行ったり，その逆にまず大きさの推定を行って，それを距離の推定の手がかりとしているという仮定も成り立つ。このような判断過程は，心の内部の過程であり，客観的には検討できないと思われがちであるが，前述（3.2参照）の偏相関を用いた因果推定法を適用することができる。ただしこの場合は，関係する変数が視角θ，輻輳角α，距離の推定値D'，大きさの推定値S'の4変数であり，前述の主観的輪郭の場合より複雑になり，二次の偏相関も算出しなければならない。因果推定法をこの実験データに適用した結果では，**図4.14**に示すように，白カードの場合も，トランプの場合も，D'もS'もともに共通の実験変数であるθとαにそれぞれ独立に規定

されていて，D' と S' の間には直接の因果関係は認められなかった（Oyama, 1974, 1977）。見えの距離も見えの大きさもともにそれぞれ独立に視角と輻輳角に規定されているので，その結果として見えの距離と見えの大きさの比が，一定に保たれるという結果である。

以上は，距離と大きさをメートル法で答えさせる方法で行った実験結果である。その後，大山と岩脇三良（Oyama & Iwawaki, 1972）は伝統的な調整法による大きさの測定法を用いて，ステレオ装置内の視覚像の見えの大きさに対する輻輳角の影響について実験した。その際は，図 4.9 に示したステレオ実験装置に加え，観察者の席の左斜め 115 cm 前方に別のスクリーンを設置して，もう1つのプロジェクターで光円（比較円）を投影し，スライドの位置に挿入されたカメラの絞り装置を用い，光円の直径を観察者が操作して調整できるようにした。観察者はステレオ装置内に投影される，視角 37 分から 2 度 30 分の 5 段階の直径をもち，輻輳角が 0 分から 3 度 30 分まで 8 段階に変化し，ランダム順に与えられる光円像と，ステレオ装置外のスクリーン上の比較円を比較し，等しい大きさに見えるように，比較円を 4 回ずつ調整した。その際，観察者ごとの瞳孔間距離に応じて，ステレオ装置用のプロジェクター位置を調整して，個人ごとに輻輳角を正確に設定した。

測定結果 S_c の対数をとると，(4.5) 式のように輻輳角 α に線型回帰した。回帰係数は観察者，視角によって 0.04 から 0.28 まで変動したが，実測値との相関は 0.77 から 0.99 であり，良い当てはまりを示した。

$$\log S_c = \log S_m - k\alpha \qquad (4.5)$$

ここで，S_m は回帰直線の切片すなわち，輻輳角 0 の際の理論値を示す。この (4.5) 式を変換すれば指数関数が得られるから，見えの大きさは S_m を最大値として輻輳角の指数関数として減少することを示している。視角が一定の場合の輻輳角 α と物理的距離ならびにそれに比例する物理的大きさの間には反比例関係が成り立つから，それとはかなり違っている。その点からも輻輳角のみを手がかりとした場合の大きさの推定は，正確でないことがわかる。なお，ルネバーグ (R. G. Luneburg, 1947) は知覚的距離に関して，輻輳角の指数関数を提案している。見え

図4.15 構造化された背景のステレオ写真（大山, 1969c）

の大きさが見えの距離に正比例すると仮定すれば，見えの大きさが輻輳角の指数関数となることは，不自然ではない．

なお，この実験条件中の最小の輻輳角の0分と次に小さい輻輳角の30分条件の間で測定結果を比較すると，4観察者×5視角条件＝20測定値中16測定値で，輻輳角30分条件のほうが，測定値が小さくなっており，サイン検定により1％水準で有意となった．したがって，この実験では，輻輳角30分以下でも，輻輳角の効果は認められ，その点で前述の距離知覚の実験結果とは異なった．

大山（1969c）は，前出の大山・岩脇の実験条件に暗黒背景条件のほか**図4.15**に示すような両側に柱が並ぶ回廊のステレオ写真を背景に加えた条件で，輻輳角が見えの大きさに及ぼす影響を9名の新たな観察者に対して調べた．その実験結果では，(4.4)式は両条件で成立したが，回帰係数kの値は暗黒の背景の場合の0.014から0.208に比べて，回廊背景条件では0.035から0.549となり有意に増大した．大きさの恒常性に対する周囲の事物の遠近法的手がかりの重要性を示している．

大きさの恒常性に及ぼす両眼視差の実験

上述のステレオ装置の実験では，1つの対象しか提示されていない．同様の装置で，2つの対象を同時に提示し，その左右の間隔を，右眼用と左眼用で変えると，両眼視差が生じる．大山と佐藤房子（Oyama & Sato, 1967）は，その際の2つの映像間の大きさの比率関係を移調法（Oyama, 1959；大山, 1969a）という方法で測定した．具体的には，金属

板に円形の穴をあけたものをスライドとして用い，一方のプロジェクター用のスライドの円の間隔は一定に保ち，他方のプロジェクター用のスライドの円の間隔を少しずつ増減することによって，＋1度9分より，－1度9分まで13段階の両眼視差を生じさせた。左右2円の視角上の直径比も系列によって，1：1，1：1.2，1：1.4に変えた。左円の直径は1度36分に保たれ，右円の直径は系列により，その同大，1.2倍，1.4倍であった。

　これらのスライドを投影してステレオ装置で観察すると，暗黒の空間中に2つの光円が異なった距離に浮かんで見えた。観察者はこの2つの光円を観察して，その見えの大きさ比率と手元にある移調用カード上の2円とを比較して，その見かけ上の比率が等しいカードを選び，その裏面を実験者に見せた。実験者は移調用の裏面の数値を記録した。その過程で観察者は観察窓から2光円を何度見直してもよい。移調用のカードは26 × 34 cmのカードに2つの輪郭円が黒インクで作図されたもので，左円は直径50 mmに一定し，右円は16 mmから130 mmまで1 mmステップで変化した。2円の中心間間隔は100 mmで一定であった。移調用カードはステレオ装置外の観察窓の下部に比率順に重ねておかれ，専用の照明を受けていた。5名の観察者がシリーズごとに，各条件5回の観察を行った。

　図4.16に6シリーズの平均の結果の対数を縦軸に，両眼視差を横軸として示してある。求められた見えの大きさ比率の対数が両眼視差とともに直線的に上昇した。したがって見えの大きさ比と両眼視差が指数関数的関係にある。両眼視差は前述のように幾何学的に2対象の輻輳角の差に相当するので，この関係は前出の単一の映像の輻輳角のみを変化した実験結果と矛盾しない。この実験においても，2つの対象を順次注視して比較したならば，輻輳角を主な手がかりにしているであろうし，両者を同時に観察したならば，両眼視差を手がかりにしていると想像されるので，両者の役割を厳密に区別はできない。なおここでは，マイナス方向の視差を右側にとっているので，結果が上昇方向を示していることと図4.12で輻輳角に対して大きさ推定値が下降していることに対応する。

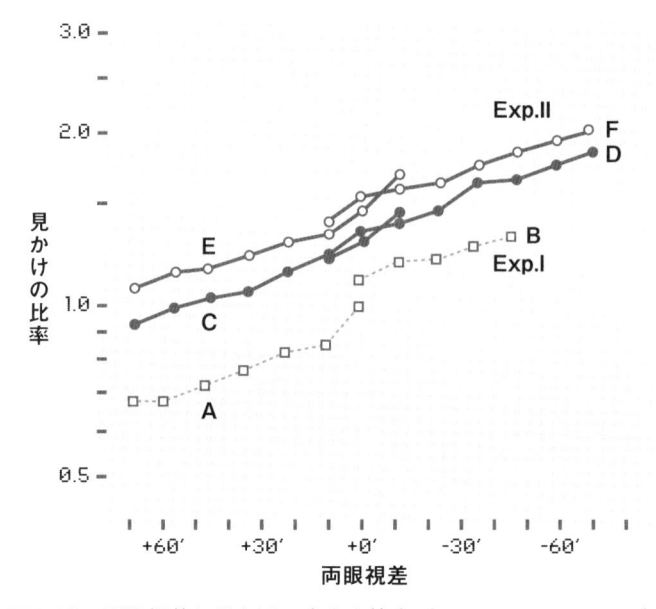

図4.16 両眼視差と見かけの大きさ比率（Oyama & Sato, 1967）

　この実験では，計算上は約1mから約50mの観察距離に相当する輻輳角が与えられたが，視角一定の光円に対して得られた結果の見えの大きさ比の最大値は最小値の2倍程度にすぎない。これは，実験室や日常空間で行った大きさの恒常性実験に比べて，はるかに変化が少ない。輻輳や両眼視差のみによって得られる奥行き感は限られていることがわかる。

　日常空間における大きさの恒常性は，もっと多くの奥行き手がかりに依存しているのであろう。たとえば，久米（1952）は校舎の屋上を利用して，10mから100mまで10mおきに距離をランダム順に変化させて提示された標準円盤と，2.5mの一定距離に置かれた比較刺激を5名の観察者に比較させた。物理的に等大（直径33cm）の円盤の見えの大きさ（主観的等価点）が，観察距離の増大とともに低減したが，100mの距離でも，かなりの高い大きさの恒常性を見出している。すなわち，視角的には2.5％大に過ぎない比較円盤に相当する標準円盤を，平均に

おいて物理的に60％大の比較刺激と等大と判断している。この実験では，おそらく長方形の屋上の枠が線遠近法的な手がかりを形成しているのであろう。

運動視差による距離と大きさの知覚の実験

戸澤純子と大山（Tozawa & Oyama, 2006）はコンピュータ画面上に，図4.17のように2個の同形同大の対象（縦長長円）を異なった速度で水平に動かし，観察者は黒い円筒を通して観察し，上の標準刺激を100とした場合の，下の比較刺激の見えの距離と大きさをマグニテュード推定法で答えた。その1つの実験では，標準対象の視角速度が0.2, 0.6, 1.8度/秒，標準・比較対象の速度比が，2：3：4にそれぞれ変えられた9条件について実施された。画面上の水平線から標準・比較対象までの垂直間隔は速度比に比例した。11名の観察者の平均値によれば，見えの大きさは専ら運動視差に応じて減少したが，見えの距離は運動視差だけでなく，水平線からの垂直間隔の比にも大きく依存した。

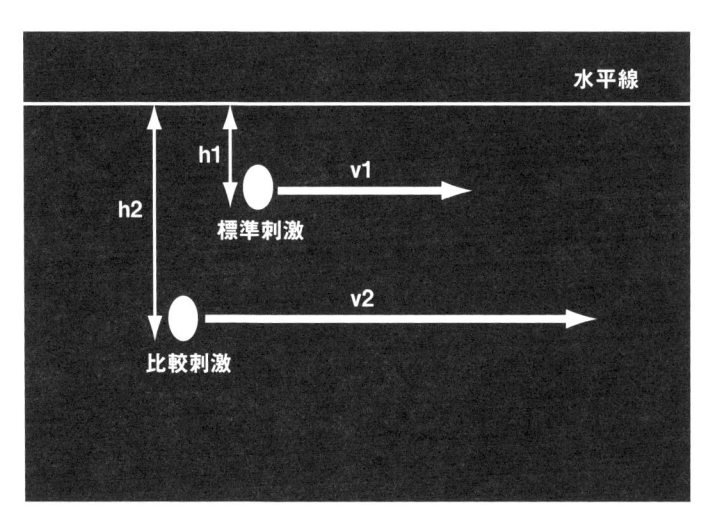

図4.17　運動視差と大きさ恒常（Tozawa & Oyama, 2006）

4.3 まとめ

　1) 偏光フィルターを用いた大型のステレオ装置内の暗黒中に種々の視角と輻輳角で白矩形の映像が提示され, それの見えの距離と見えの大きさを, 観察者がメートル法で判断した。観察者はあらかじめ日常空間中で矯正法による目測の訓練を受けた。実験結果では, 視角が大きく, 輻輳角が小さいほど, 距離も大きさも大きく判断された。しかし, 幾何学的に計算される距離と大きさに比べて, 判断値の変化範囲は小さかった。判断された距離と大きさはほぼ比例した。因果推定法によれば, 見えの距離と見えの大きさは, それぞれ独立に, 視角と輻輳角に規定されているが, 相互には因果関係は見出されなかった。S-R型の測定・分析法によった。

　2) ステレオ装置の外に別のスクリーンを設置して, 比較円を投影し, ステレオ装置内に種々の視角と輻輳角で投影される光円の見えの大きさを調整法で測定した。測定された光円の見えの大きさは, ほぼ輻輳角の指数関数として変化した。背景に回廊のステレオ写真を提示すると, 指数関数の指数値が有意に上昇し, 大きさの恒常性の増加を示した。S'-S型の測定である。

　3) ステレオ装置内の暗黒中に, 種々の直径比, 種々の両眼視差の2光円を提示して, それらの見えの大きさ比を移調法で測定した。指数関数的関係が見出された。しかし, 日常空間中の大きさの恒常性に比べ, 見えの大きさ比の変化範囲が小さかった。S-S型の測定である。

　4) コンピュータ画面上に, 上下2個の同形同大の対象（縦長長円）を異なった速度で水平に動かし, 観察者は下の対象の見えの距離と大きさをマグニテュード推定法で答えた。見えの大きさは専ら運動視差に応じて減少した（上の対象との差が大となった）が, 見えの距離は運動視差だけでなく, 画面上の水平線からの垂直間隔にも大きく依存した。S-R型の測定である。

第5章

Measurement of motion perception
運動知覚の測定

5.1 運動の知覚

　動きの知覚は人を含め生物にとって，敵や仲間や餌となる生き物の存在を知るための重要な手がかりである。運動の知覚の生理機構は色の感覚の生理機構や形の知覚の生理機構と別個に存在することが知られている（田中，1994）。ときには，動くものの色や形が知覚されなくても，何かが動いたと感じることがある。後述（5.4）の仮現運動研究において「純粋ファイ」といわれる現象はその例である。

　G. ヨハンソン（Johansson, 1973, 1975；大山，2000）は，動く人の身体の関節部分に光点をつけて撮影した映画を用いて，暗黒中の数個の光点の動きから人の動きが生き生きと知覚されることを見事に示した。

　時計の時針や分針のように，その動きがあまりに遅いと，運動は知覚できない。ある最低の速度以上の速度で対象が運動していなければ運動の知覚が生じない。その最低の速度を**運動の速度閾**（threshold velocity）という。この値は，さまざまな要因によって影響されるが，十分に構造化された視野中で，観察時間が長く，照明も明るければ，毎秒視角1分以下になる（Leibowitz, 1955）。

　また一方，速度があまりに速いときも運動が認められない。言葉通り「目にも留まらぬ速さ」である。新幹線がすれ違った際には，車窓に映る相手の新幹線の姿は単なる縞模様になってしまう。運動対象が見えるための速度の上限を**運動の刺激頂**（fusion threshold velocity）という。輝度などの条件にもよるが，毎秒視角約10～30度の値が報告されている（Oyama, 1970）。運動の速度閾と刺激頂の間の速度の運動は知覚でき，その速度の遅速が弁別される。

5.2 見えの速さ

　雲ひとつない大空を高速で飛んでいくジェット機はそれほど速くは感じられないが，狭い道路の踏み切りを横切る電車は素早く感じられる。ゲシュタルト心理学者のJ. F. ブラウン（Brown, 1931）が，大きな窓枠

と小さな窓枠のなかを,それぞれ窓枠の大きさに比例した大きな円と小さな円が移動する際の見えの速さを比較観察する実験を行った。その結果では,窓枠と円の大きさに比例した物理的速度で,たとえば2倍の窓枠と2倍の円の大きさなら2倍の速度で動かしたときに,見えの速さがもとの円とほぼ同じように感じられた。彼はこの現象を**速さの移調**(transposition of velocity)と呼んだ(Koffka, 1935)。

見えの速さの規定条件に関する実験

大山(Oyama, 1970)はその際の窓枠の大きさと運動対象の大きさの効果を分析するために,**図5.1**のように,窓枠を1:2:4の大きさをもつABCの3種とし,その中を運動する縞模様も1:2:4の大きさに変化するXYZの3種として,それらの3種の窓枠と3種の運動縞のすべての組み合わせ,計9条件を検査刺激として設定した。各条件において,それらと並べて提示された標準刺激(検査刺激BYと同条件)とを見比べて,見えの速さが同じになるように,検査刺激の物理的な速度を4名の観察者に極限法で調整させた。標準刺激の物理的速度を毎秒視角0.5度と5度の2段階に変えて実験がなされた。その結果では,窓枠の大きさと運動縞の大きさの両方ともが見えの速さを規定する重要な要因であることがわかった。窓枠のみを2倍にしたとき(図2.1中のAB行間またはBC行間の比較)ならびに縞模様のみ2倍にした場合(図中XY列間またはYZ列間の比較)は,ともに物理的速度を1.1～1.4倍にしたときに同じ速さに見えた。さらにブラウンのように窓枠と運動対象を同時に2倍にしたとき(図5.1中のAYとBZ,AXとBY,BYとCZ,BXとCYの比較)には,物理的速度を1.40～1.55倍にすると同じ速さと感じられた。もし速さの移調が完全ならば,物理的速度を2倍にしなければならないはずであるが,それよりはかなり下回る値であった。速さの移調は完全ではないことと,この効果には窓枠の効果と運動対象の効果の両方が関与していることが示された。

ここで用いたような縞模様を運動させるときには,窓枠内のある一点を見つめていれば,明暗が周期的に変化して,その時間周波数は視角運

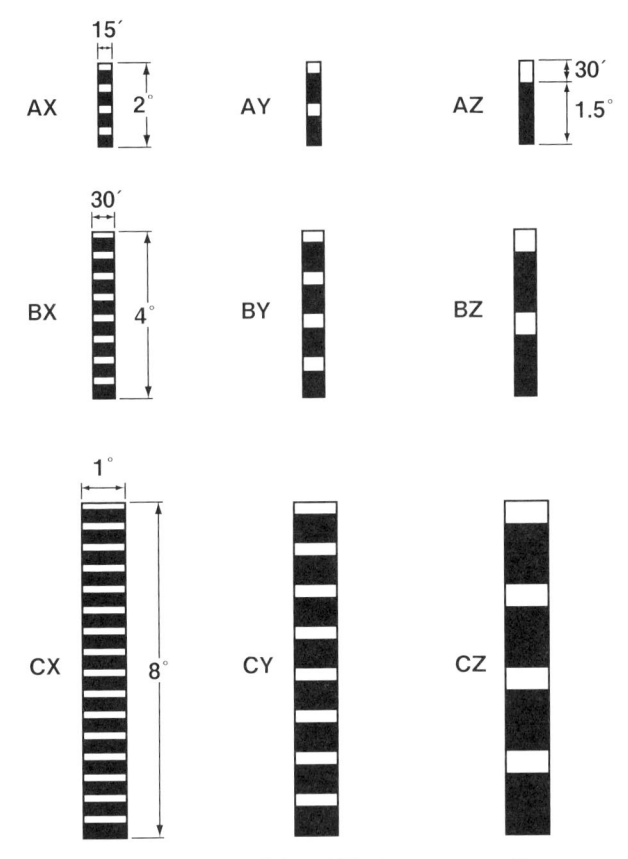

図5.1　見えの速さの実験（Oyama, 1970）

動速度と縞模様の空間周波数（縞の細かさ）を掛け合わせたものに比例することになる。もし，見えの速さが明暗交代の時間周波数に比例するのであれば，窓枠の大きさに関係なく，運動縞の大きさだけに規定されて，速さの移調が完全に成り立つはずであるが，この実験結果は，その予想に反する。明暗交代の時間周波数は，見えの速さに影響するとしても，1要因であるに過ぎない。

5.3　誘導運動

　夜空で雲の合間に月が現れているとき，月が動いて見えることがある。地球の自転に伴う天空における月の動きは，その速度はきわめて遅く，前述の運動の速度閾以下の動きで，目には感じられないはずである。しかし雲間の月は，はっきりと流れるように動いて見える。その際，周りの木や建物などと比べて見ると，実は雲のほうが反対方向に動いていることに気付く。雲が風に流されて動いているのに，雲が止まって見えて，雲に囲まれた月が反対方向に動いているように感じられるのである。また，駅で停車している電車に乗っている際に，隣の線路に止まっていた別の電車が動き出したときに，自分の乗った電車がその反対方向に動き出したと錯覚することがある。

　これらの見えの運動は**誘導運動**（induced motion）と呼ばれる。運動速度が遅いときに誘導運動が起こりやすく，運動速度が速くなると，誘導運動が生じにくい。また，囲んだ対象は，静止した基準となり，静止して見え，囲まれた対象に誘導運動が生じやすい（Duncker, 1929；Rock, Auster, Schiffman, & Wheeler, 1980）。

暗黒中の複数の運動光点の見えの軌跡に関する実験と数理モデル

　上述の雲や自分の乗っている電車の場合と異なって，明確な枠組みがない場合はどうなるであろうか。狩野千鶴と林鉎蔵（Kano & Hayashi, 1984）はこの問題に関連して，大変興味深い実験を報告している。彼らは，暗黒の中で，水平に並んだ3個の光点を同時に円運動をさせた。全部同じ半径の円運動で，運動速度も互いに等しいが，その運動方向と位相は異なっている。図5.2の上部にその条件を示す。ここに示す3例では，すべて中央の光点は，時計方向に回転するが，左右の2光点は反時計方向に回転する。しかし，中央の光点と左右の光点の回転運動の位相差は，3条件で異なっている。左端に示す条件では，位相差がない。3光点とも同時に円形軌跡の上端に上がったり，同時に下端に下がったりする。中央に示す条件では，90度の位相差があり，左右の光点が，

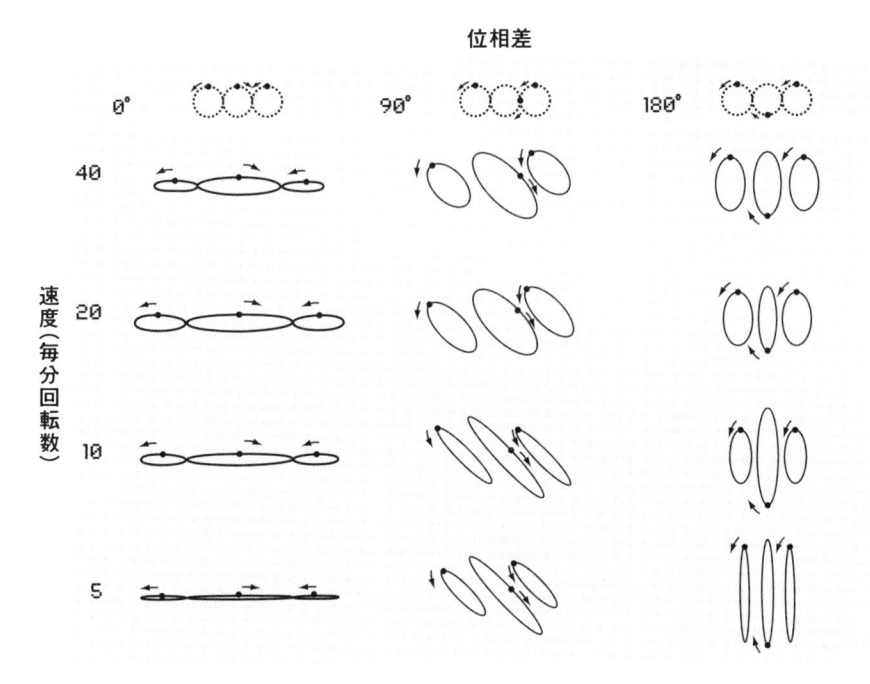

図5.2　暗黒中で回転する3光点の見えの運動軌跡の一例（Kano & Hayashi, 1984）

円形軌跡の上端にあるときに，中央光点は中位の位置にある。右端に示す条件では位相差は180度であり，左右の光点が円軌跡の上端にあるときには中央光点は下端にあり，左右が下降する場合には，中央は反対に上昇する。3光点の回転速度は，同時に4段階に変えられた。1分間あたり5回，10回，20回，40回の4段階の回転速度である。観察者は，3位相条件，4速度条件の組み合わせの計12条件下で観察して，3光点の見えの運動軌跡を図に描いて報告した。図5.2にその例が示されている。

　この結果によれば，位相差条件，運動速度条件で，見えの運動軌跡は大いに異なっていた。位相差がなく，運動速度が遅いときは，図5.2の左下端に示されているように，3光点は水平往復運動をしているように見える。また，位相差が180度で運動速度が遅い場合は，右下の図のよ

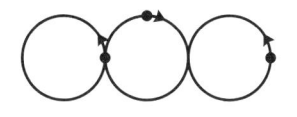

図5.3　見えの運動軌跡の数学的モデル（Oyama & Tsuzaki, 1989）

うに垂直運動に見える。位相差が90度のときは，斜めの方向の運動に見える。どの場合も中央の光点の運動が大きく，左右の光点の運動が小さい。運動速度が速くなるほど，運動軌跡は丸みを帯びるが，位相差の影響は変わらず，水平，斜め，垂直の軸の長い楕円（長円）に見える。

　この結果は，3光点の物理的運動の共通成分と，3光点間の相対運動成分に分けて考えるとわかりよい。狩野らが指摘するように，一般に運動速度が遅いほど，見えの運動が相対運動成分によって規定される傾向

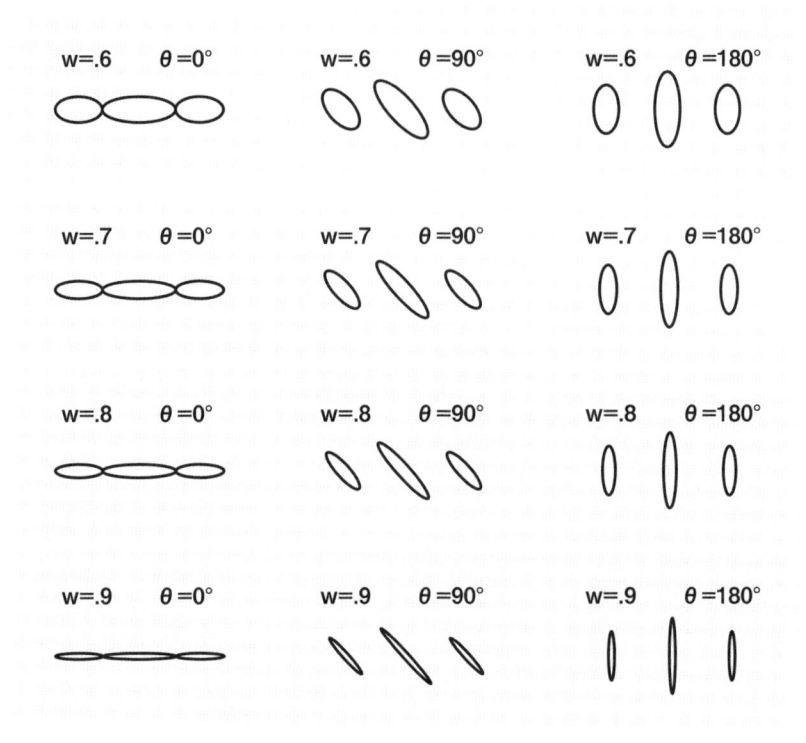

図5.4　見えの運動軌跡モデルの適用例（Oyama & Tsuzaki, 1989）

が大になり，運動速度が速くなると，見えの運動が物理的運動によって規定される傾向が強くなる。また中央の光点の運動が，左右の光点より大きく感じられのは，左右の光点が運動の枠組みとなっているからだと考えられる。しかし，完全に運動の枠組みになっているわけでもない。なぜなら，もし運動枠組みであるなら，左右の光点は止まって感じられ，中央の光点のみが動いて感じられるはずであるからである。

大山と津崎実（Oyama & Tsuzaki, 1989）は，この実験に数理モデルを適用してみた。そのモデルでは，3光点の重心位置を算出し，その重心が運動の枠組みとなっていると仮定した。

重心とは，（5.1）式のように，3光点の物理的位置を xy 座標で表した場合の i 番目の光点の座標 x_i, y_i の値とし，それぞれの平均値を xy 座

標としたものである。

$$x_g = (x_1 + x_2 + x_3)/3 , y_g = (y_1 + y_2 + y_3)/3 \quad (5.1)$$

その仮想の重心（x_g, y_g）が3光点の運動の共通成分を示していると考え，その重心と3光点の間の相対運動成分（x', y'）を（5.2）式にしたがい抽出すれば，**図5.3**のようになる。

$$x_i' = x_i - x_g , y_i' = y_i - y_g \quad (5.2)$$
$$X_i = (1-w)x_i + wx_i' , Y_i = (1-w)y_i + wy_i' \quad (5.3)$$

さらに，（5.3）式に従い，見えの運動は，物理的運動とこの重心に対する相対運動の両方によって規定され，運動速度が速いときは物理的運動の重み $1-w$ が強いが，運動が遅くなるほど相対運動の重み w が増すと仮定すると，**図5.4**のような理論的な運動軌跡が描ける。ただしここでは，相対運動の重み w を，任意に 0.6, 0.7, 0.8, 0.9 とした場合を示したが，図5.2の実験結果とよく対応していることがわかる。

5.4　仮現運動

パラパラ漫画，映画，アニメーションなどのように，静止した映像を適当な間隔で次々と提示すると，映像が動いて見える。これを見かけの運動という意味で，**仮現運動**（apparent motion）と呼んでいる。1コマ1コマは静止した画像に過ぎない。それらが適当な間隔で継時的に提示されると，見えの運動が生ずるのである。それが仮現運動である。この仮現運動を，心理学の研究の対象として研究したのが，M. ウェルトハイマー（Max Wertheimer : 1880〜1943）であり，この研究がゲシュタルト心理学の出発の契機となった。

ウェルトハイマー（Wertheimer, 1912）は，タキストスコープを用いて，**図5.5**のような2線分をきわめて短時間ずつ継時的に提示した。その際，継時提示の時間間隔に応じていろいろな見え方をする。時間間隔があまりに短い（約30ミリ秒以下）と ab が同時に見える（同時時相）。時間間隔が長い（約200ミリ秒以上）と a が消えてから b が出現するように見える（継時時相）。その中間の時間間隔（60〜80ミリ秒程

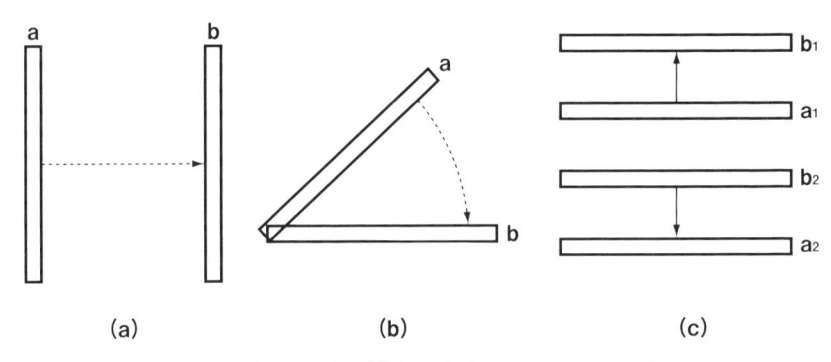

図5.5　仮現運動の刺激図形（Wertheimer, 1912）

度）で，aがbのところまでスムースに動くように見える（最適時相）。

　このような見え方が生じる時間間隔は固定的なものでなく，刺激図形，間隔距離，間隔時間，観察者によって多少異なっている。また，時間条件によっては，ab両方かいずれかが少し動いて感じる二極部分運動，一極部分運動も生じるし，動く対象が見えず運動のみが感じられる純粋ファイと呼ばれる場合もある。この最適時相で感じられる見えの運動が典型的な仮現運動であるが，仮現運動には，このほかいろいろあるので，これを**ベータ運動**（β-movement）と呼んで他と区別する。また**ファイ現象**（ϕ-phenomenon）と呼ばれることもある。

　なお，仮現運動（β運動）を，眼球運動などで説明しようとする試みが古くからあったが，ウェルトハイマーは，図5.5（c）のように，2つの対象を同時に反対方向に動いて見えるように仮現運動を起させることも可能である事実を示し，眼球運動説を批判している（大山，2000；Wertheimer, 1912；Sekuler, 1996）。

　最適運動が出現するための空間・時間・刺激輝度条件については，その後，組織的に研究され，**コルテの法則**（Korte's law）として，まとめられている（Kolers, 1972）。これを要約すると，1）時間間隔が一定ならば，刺激輝度の上昇とともに最適空間距離が増加する。2）空間間隔が一定ならば，刺激輝度の上昇とともに最適時間間隔が短縮する。3）刺激輝度が一定ならば，空間距離の増加とともに最適時間間隔は増

加する。ただし，これらの関係はあくまで定性的な関係である。また，最適運動が生じる時間間隔には，かなりの幅があることも知られている。また，提示時間が長くなると，最適運動が生じる刺激間時間間隔（inter-stimulus-interval，ISI）が短くなる傾向が認められ，時間条件を表す指標としては，第1刺激の提示時間と ISI を加えた時間，すなわち第1刺激の開始から第2刺激の開始までの時間を示す **SOA**（stimulus-onset-asynchrony）が適当であるとされている（Kahneman, 1967；Kolers, 1972）。上述のコルテの法則の時間間隔は，この SOA を意味すると解したほうが事実に合う。

運動知覚と変化知覚の多義性に関する実験

大山と内藤佳津雄と内藤博美（Oyama, Naito, & Naito, 1994）は**図5.6**のように，色C，形SH，大きさSが異なる2つの対象ABを，位置を交換しながら交代に提示した。まず図5.6の1・3行のような AB 対象

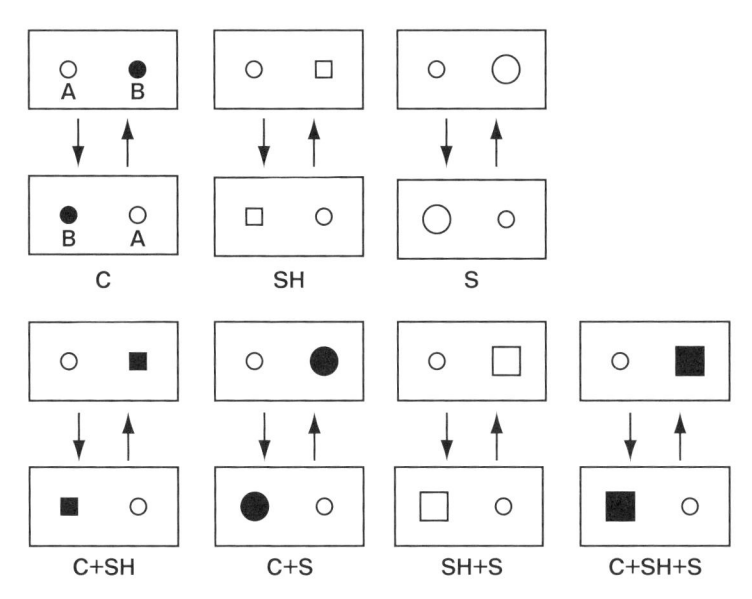

図5.6 運動知覚と変化知覚の実験刺激（Oyama, Naito, & Naito, 1994）
  図中の白は実験刺激では赤，黒は緑を示す。

を，コンピュータ画面中の左右の位置（空間間隔：視角5.4度または10.8度）に同時に150ミリ秒の間提示し，150ミリ秒の時間間隔ISIを置いて，図5.6の2・4行に示すように，ABの左右位置を交換して再び150ミリ秒提示するというように20秒間繰り返して，その間にどのような見え方が，どれだけの時間出現するかを，観察者のキー押し反応によって測定した。その際，A対象は常に赤小円として，B対象は色（赤・緑）・形（円・正方形）・大きさ（大小）のいずれかが異なるC，SH，S条件だけでなく，それらの差異の組み合わせ条件であるC＋SH（緑正方形），C＋S（緑大円），S＋SH（赤大正方形），C＋SH＋S（緑大正方形）の計7条件についても実験した。

　その際生じうる見え方としては，1) 出現-消失（2箇所で別々にABまたはBA対象が交代で出現と消失を続ける，仮現運動実験の継時時相に相当する），2) 横運動（AとBの2対象が交差的に仮現運動をする），3) 奥行き運動（左右の2対象が拡大縮小しながら交互に前進後退運動する），4) 属性変化（左右の2箇所で，2対象がそれぞれの位置で，別々に同一性を維持しながらAからBへ，BからAへと変色・変形・拡大縮小などする，位置の移動はない），さらに提示時間と間隔時間が短い場合は，この他に，5) 重畳（左右2箇所にAB 2対象が二重写しになった映像が見える）の見え方も生じる。観察者は，上記の7条件をランダム順に2回ずつ，対象の中央を注視しながら観察して，上記のそれぞれの見え方が続く間，5種の見え方に対応した5個のキーのうちの該当のキーを指で押し続ける。それぞれのキーを押した合計時間の比率を求め，測定値とした。

　この結果，図5.7に示すように，横運動（交差的仮現運動）以外の見え方もしばしば生じた。C，SH条件では，出現-消失や属性変化の見え方がかなり生じ，S条件では，奥行き運動が生じやすかった。横運動は，それらの単一差異条件でも若干は生じるが，C＋S，C＋SH，SH＋Sの複合差異条件で優勢であった。さらにC＋SH＋Sの三重差異条件で一層優勢であった。複合差異条件では，属性変化の見え方が減少した。また一般に，AB 2対象の空間間隔が広い場合に横運動がや

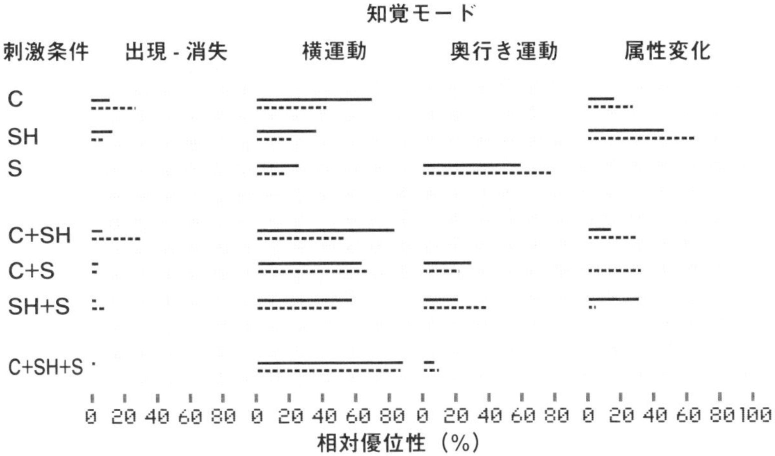

図5.7 運動知覚と変化知覚の実験結果（Oyama, Naito, & Naito, 1994）
実線は視角5.4度間隔条件，破線は10.8度間隔条件の結果を示す．

や生じにくく，属性変化の見え方が生じやすかった．

　複合差異条件では，位置を変えずに左右の位置でそれぞれの対象が，色や形や大きさのうちの2から3属性を同時に変化したと見ることは，知覚的変化が大きい．それに対し，運動も一種の知覚的変化とみなせば，AB 2対象が色・形・大きさなどの知覚属性を変えずに，運動して位置を交換したと見たほうが，知覚的変化が少ない．そのように運動したと見たほうが，位置を変えずに変形などをしたと見るよりも全体的な知覚的変化が少なくなるときに，横運動が現れやすいことを，この実験結果は示唆している．すなわち，横運動（交差的仮現運動）は，当該刺激変化条件下で生じうる見え方の1つに過ぎず，他の可能な見え方より横運動のほうが，知覚的変化が相対的に少なくてすむときに生じると考えられる．対象間空間間隔が比較的に短いときに横運動が多くなることも，位置の移動をも知覚的変化の一種と考えれば，当然といえる．この意味で，仮現運動（横運動）は知覚安定性の1つの現れといえる（Oyama, 1997）．これは**最小変化の原理**（principle of least change）に従っている（Johansson, 1958；Koffka, 1935；Metzger, 1953；大山，2002）．

このような考え方は，図5.6のような，2対象の交代の場合に限らず，一般の仮現運動（ベータ運動）にも敷衍して考えることが可能であろう．刺激条件に忠実に2つの対象の個別的な出現‐消失と見るよりも，1つの対象の移動運動として見た方が，知覚が安定する場合に仮現運動が生じるといえる（Oyama, 1997）．

仮現運動と類同性に関する実験

　上述の考えに従えば，**図5.8**のように，2つの刺激図を交互に提示すると，水平，垂直の2様の仮現運動が生じる可能性がある多義的な事態では，垂直・水平それぞれの運動が生じた場合の位置の変化量（運動距離）の大小（非近接性）と運動に伴う色・明るさ・大きさ・形の変化量の大小（非類似性）の合計がより少ない方向に運動が生じると理解することができる．図5.8では，水平運動が生じれば，運動距離は長いが，色などの属性変化はなくてよい．他方，垂直運動が生じると，運動距離は短いが属性変化が必要になる．運動を位置という属性の変化ととらえるならば，位置を含めた属性変化の合計の小さい方向に運動が生じると解することができよう．

　大山と清水正子と戸澤純子（Oyama, Simizu, & Tozawa, 1999）は，仮現運動に及ぼす2対象間の色相・明るさ・大きさ・形の類同性の影響を調べるために，次のような実験を行った．コンピュータ画面に，図5.8の上図に示すように，注視点（＋印）を中心に，左上と右下に色相・輝度・形・大きさが異なったS1, S2の2個の対象を100ミリ秒提示し，100ミリ秒の暗黒の間隔ISIを置いて，今度は下図のように右上と左下にS1, S2を100ミリ秒提示する．この2画面を反復提示する．このような条件下では，S1同士，S2同士の間の水平運動とS1・S2間の垂直運動が生じ得る．多義的な仮現運動事態である．その際，上下の間隔は視角2度に一定しているが，左右の間隔は，観察者の反応によって変化する．「縦」反応のときは水平間隔を視角15秒ずつ収縮し，「横」反応のときは同じだけ伸張する．それぞれ同じ反応が生じにくくする方向の調整である．このようにして両反応が50％ずつに釣り合う水平間隔を

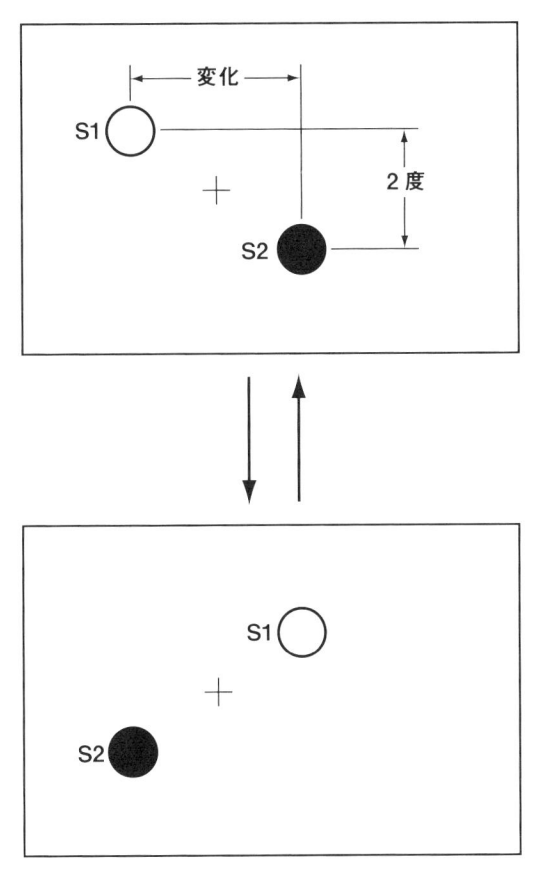

図5.8 仮現運動と類同性 （Oyama, Simizu, & Tozawa, 1999）

二重上下法で測定した。

S1，S2の刺激対象としては，前述（3.9）の群化の実験で述べたと同じ組み合わせが用いられた（実験も群化実験と同じ観察者に同時期になされた）。

実験の第1部では，群化実験第1部と同様に，色相・輝度・大きさ・形のうちの1つの属性だけが変えられた。その結果では，刺激対象間の輝度や大きさの差が大きいほど，水平運動と垂直運動の生起率が均衡する水平間隔が大となった。

実験の第2部では，空間・時間条件は第1部と同じとし，刺激対象（S1，S2）には，群化実験第2部と同様に，色相・輝度・大きさ・形の差を組み合わせた16種の刺激を用いた。その結果では，多くの属性に関して異なる刺激対象を組み合わせるほど，均衡する水平間隔が順々に大となった。この結果も群化実験の結果と対応した。群化実験結果との相関は3種の時間条件で0.77～0.89と高い値であった。群化の場合と同様に，色相・輝度・大きさ・形の4属性にわたる差異が加算的に働き，2対象間の類同性を下げて，差異をもつ対象間の（垂直方向の）仮現運動の生起を妨害し，それと均衡する水平間隔が増加することを示している。ただし，刺激差異の組み合わせ数の増加に伴う均衡間隔の増加率は，仮現運動の場合が群化の場合に比べて緩やかであった。

　上記の実験で明らかにされた仮現運動における色相・輝度・大きさ・形などの差異の効果の加算性を数理的に明らかにするために，群化実験の場合と同様に重回帰分析を行った（大山，2003；Oyama & Miyano, 2008）。第3章の（3.1）式を仮現運動の実験第2部の16条件の結果に当てはめると，仮現運動（提示時間，ISIがともに100ミリ秒の場合）の結果に対しては，

$$X = 2.29\,D + 0.23\,H + 0.051\,L + 0.16\,S + 0.11\,SH \quad (5.5)$$
$$(R^2 = 0.967)$$

が得られた（大山，2003）。群化の場合よりさらに高い決定係数が当てはまりのよさを示す。色相・輝度・大きさ・形の差異の効果が線型的に結合していることを示している。上記の類同性－異質性の効果の加算性が数理的に実証された。

　上式において係数 d は群化実験で2.04であったが，仮現運動で2.29と，ともにほぼ2.0となり，実験中は一定に保たれた垂直間隔（視角2.0）に対応すると考えることができる。

　これらの結果は，空間間隔が色相・輝度などの質的属性の差異と並んで，機能するものであり，空間位置の差異（異質性）として群化と仮現運動を規定していることを示唆している。言い換えれば，近接の要因と類同の要因の効果が（3.1）式では総合されていることになる。係数 h,

l, sh, s は全般に群化で大きく，仮現運動で小さく，上述の刺激の差異の増大に伴う均衡距離の増大の勾配は群化の場合よりも緩やかであるという質的記述を数量的に再確認したものである。ここで $h > s > sh > l$ という大小関係は，群化と仮現運動に共通している。ただし，これは色相，大きさ，形，輝度の差異ないし類似性全般が両現象に与える影響力の大小関係を示しているわけではない。あくまで，この実験で用いられた赤-緑間の色相の差異，直径比 1 : 2 の大きさの差異，円-三角間の形の差異，1 : 2.7 の輝度の差異という条件下に限るものである。

なお，群化の結果にも適用した (3.3) 式のユークリッド・モデルを仮現運動の結果にも適用すると，決定係数はまた群化の場合より高く，0.814 であったが，上述の線型モデルのそれよりわずかに劣った。今後の検討を要する。

5.5 運動視と知覚の安定性

一般に運動は静止の反対で，不安定性を示すように思える。しかし刺激条件そのものが多くの変化を含んだもので，それの変化を全部忠実に知覚に再現するよりは，運動として知覚したほうが，知覚的変化が少なくてすむ場合もある (Oyama, 1997)。仮現運動の生起するのは，まさにそのような状況である。仮現運動の生起する状況を物理的に記述すれば，刺激 a がある位置に短時間出現して消失した後，ある間隔時間をおいて，刺激 b が別な場所に短時間出現し消失する。継時時相では，まさに忠実にそのように見えている。2 つの無関係な対象が継時的に出現・消失を繰り返す。また同時時相では，2 つの対象 ab が別々な場所にほぼ同時に出現・消失して見える。それに対して最適時相では，1 つの対象がある場所に出現して，別の場所にまで移動して消失すると見える。こう見ることによって，対象が 1 つだけで出現と消失も 1 回ずつですむ。運動印象が加わるが，その他の点では，同時時相や継時時相より，知覚内容が単純化されるといえる。そのような意味で，仮現運動は，視野中で起こる変化を減少させ，視覚世界の安定性に寄与している

といえる。また5.3で述べた誘導運動も同じ観点から論じられる。

　以上のような運動知覚の傾向がいかなる視覚機構によって実現しているのか，現在の運動視研究の動向といかに融合するかは今後の課題である。

5.6　運動が与える印象

　単純な円形であっても，動きを与えると「生き物」の印象を生じさせる。アニメーションの魅力はこれに基づく点が大きい。

1　光点の運動が与える印象に関する実験

　吉田宏之と大山と野口薫と野村康治（吉田・大山・野口・野村，2001）がSD法を用いて調べた結果では，小教室内のTVモニターで小円形を図5.9のような軌道で運動させると，それだけで生き物の印象が生じる。青い小円が3種の波形〔正弦波（S），三角波（Z），連続アーチ型

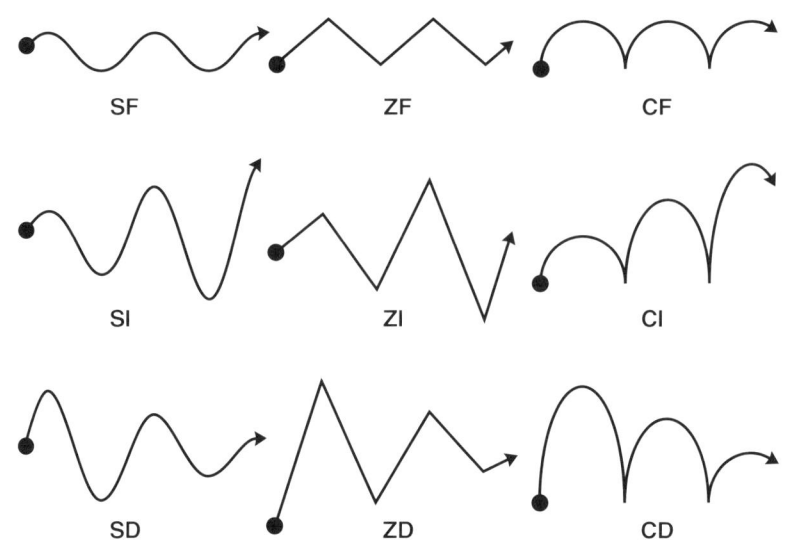

図5.9　運動が与える印象（吉田・大山・野口・野村，2001）

(半円の連続）(C)〕，3種の振幅〔振幅一定（C），漸次拡大（I），漸次縮小（D）〕，2種の速度〔高速（H）(4.3秒：画面通過），低速（L）(7.5秒）〕の組み合わせ計18刺激をランダム順に，2秒おきに2回ずつ提示した。その後，3波形（振幅一定）の静止軌跡図を5秒ずつ，2秒間隔で2回提示。各刺激提示後，価値・活動性・軽明性・鋭さ関係の26尺度のSD法（Box 1.3参照）で女子大生21名に評価してもらった。因子分析の結果，次に示す3因子が見出された。各因子の代表的尺度について，刺激変数との関係をみると，

第1因子：活動性——3角波とアーチ型が正弦波より，高速が低速より，拡大方向の振幅変化が一定・縮小より高い。

第2因子：価値——アーチ型の波形が他の波形より，高速が低速より高い。

第3因子：生物性——高速が低速より高い。

2 光点の運動が与える印象に関する実験

大山・野村・吉田（2000）は，**図5.10**に例を示すように，青大円が左から中央までピョンピョンと跳んできて，それに続いて中央に静止していた赤小円が右端までピョンピョンと跳んでいくという簡単な継起的運動だけで，「青の力で赤が押し出される」（図A），「青の接触によって赤の運動が解発される」，「青から逃げる」（図C），「青から伝言を受け取って赤が走り出す」（図B），「青から赤に色が変わって運動を続ける」といった印象が生じることを見出した。

一般に，振幅拡大の運動で生物の自発的印象が生じやすく，振幅一定または縮小の運動で受動的機械的運動の印象が生じやすかった。2対象の連続的直線運動を用いて研究したミショット（Michotte, 1946；大山, 2000）が見出した，押し出す，運動の触発などの因果知覚印象の他に，情報授受などのより複雑な印象が加わった点が注目される（大山, 2007）。

さらに，吉田・大山・野口・野村（2001）の研究では，赤・青の大小2円が連続アーチ型に運動するシーンを交互に提示しただけで，多くの

A（青の力）

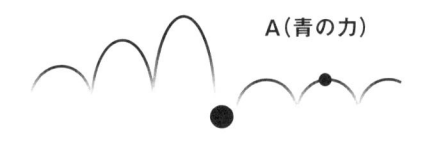

B（情報授受）

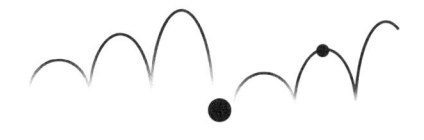

C（赤逃走）

図5.10　アーチ形運動軌道による因果知覚（大山，2007）

女子大生の観察者が，男女や親子や人と動物の交流や敵対を含むストーリーとして受け取ることがわかった。運動は静止像にない生物的印象を与える。人間は動物の一員であり，動きに敏感なのである。動物にとって，動きのある対象は敵か餌か異性か仲間である。動物の一員である人間にとっても，動きのある対象は重要な意味をもっている。

　すでに述べたG. ヨハンソン（Johansson, 1973, 1975, 1977）は，身体の肩，腰，膝，足首などの関節部分に光点をつけた人が，暗闇で運動する画像を撮影し，人々に見せる実験を行ったことは著名である。画像が止まったままであると，無意味な光の集まりにしか見えないが，動き出すとたちまちに人の姿と気付き，歩いているか走っているか，男か，女か

もわかる。このような運動知覚を**生物的運動知覚**（biological motion perception）と呼ぶ。

このように，運動知覚は一般に静止した図形の知覚と違って，生き生きした生物的な印象を与えるのである。

5.7 まとめ

1）速さの知覚における，運動縞の空間間隔と窓枠の大きさの影響を組織的に実験的に変化して，比較刺激を用いて調整法で主観的等価速度を測定した。その結果，運動縞と窓枠の両要因とも影響を与えており，縞が細かいほど，窓が小さいほど速く感じることが判明した。しかし，両者を比例的に変化して，相似形的に拡大縮小した場合も，ゲシュタルト心理学者が移調と呼ぶように，主観的に等価な運動速度が正比例的に減少することはなかった。S-S型の測定によった。

2）暗黒中を回転方向と回転の位相を変えて，同時に等速で運動する3光点の見えの運動軌跡に関する狩野らの実験的研究結果を，数理モデルによりシミュレートを試みた。運動中の3光点の重心のxy座標を算出し，その重心と各光点の相対運動と3光点の物理的運動のxy座標との重みづけ平均を算出し，相対運動の重みが，3光点の回転速度が速いほど大きくなると仮定すると，観察された運動軌跡とよく似ていた。見えの軌跡は描画法によって記録しているので，S-R型研究といえるが，描画に合った数量的モデル中の重み係数を探す過程は，S-S型分析ともいえよう。

3）2対象の交差的仮現運動と色・形・大きさの変化知覚の多様な見え方が生じうる実験条件下で，観察時間中にどの見え方がより長く生じるかを各キー押し反応の合計時間の比率で比べた。S-R型の測定法といえる。

4）色相・輝度・形・大きさが異なるが間隔距離が狭い2対象間で垂直仮現運動が生じるか，類同の対象だが間隔距離が広い2対象間で水平仮現運動が生じるか，2様の見え方ができる実験条件を設定した。そこ

で，観察者の見え方に応じた2種のキー押し反応に応じて，水平間隔が二重上下法で伸縮させると，2つの見え方が均衡する水平間隔が測定できた。色相・輝度・形・大きさの差異に応じて測定される均衡する水平間隔の差から，それらの属性の差異の相対的重みを群化実験と同様に数量化することができた。均衡点が主観的等価点に相当する刺激値であることから，一種の $S\text{-}S$ 型測定法といえる。

5）点の運動軌道を正弦波，三角波，連続アーチ型に変え，さらに上下振動の振幅を増大・恒常・縮小と変えて画面上に提示すると，生き物の自発的運動の印象も現れる。とくに連続アーチ型の振幅増大の際にその傾向が大である。$S\text{-}R$ 型の測定法である。

第6章

Measurement of perceptual-cognitive processes
知覚-認知過程の測定

これまでの章では，主として，同時に起こる知覚過程を論じてきた。しかし，運動知覚のように時間的な広がりを前提とせざるを得ないものもあった。本章では，若干の時間的過程が含まれ，また「注意」や「短期記憶」のように，いわゆる**認知**（cognition）の過程にも関連する知覚過程について論じる。

6.1　時間を超えた群化

第3章で論じた知覚的群化は，同時提示でなく若干時間をずらして提示された対象間でも起こるであろうか。

時間を超えた群化の実験

大山と山田亘（Oyama & Yamada, 1978）は第3章の図3.14と同様に白地に黒円を4行4列の配置で，そのうちの奇数（垂直）列と偶数列を，わずかな時間をずらして提示した場合にも同時には提示されていない黒円間の水平方向の群化が起こることを見出した。すなわち，彼らはタキストスコープを用いて第1・3列と第2・4列のそれぞれ8黒円を50ミリ秒ずつ，0から120ミリ秒の種々の時間間隔（SOA, on-on 間隔）で継時的に提示して，観察者に縦の同時的まとまりと横の継時的まとまりのいずれが生じるかを報告してもらった。それら2種の報告の頻度を調べ，縦横のまとまりの頻度が均衡するSOAを直線内挿法で求めた。その際，小黒円（直径6 mm）間の水平間隔は20 mm（視角1.32度）に固定したが，垂直間隔は25, 30, 35, 40 mmと変化した。

5名の観察者の結果では，垂直間隔が増大するほど，水平・垂直間で群化の生起頻度が50％ずつに均衡するSOAが**表6.1**のように増大した。すなわち，同時に提示される垂直に並んだ小黒円間の種々の空間的間隔と，空間的には水平に常に近接して並んでいるが継時的に提示される小黒円間の時間的間隔（SOA）が拮抗的に働き，上記の組み合わせで均衡したのである。時間的近接性と空間的近接性が互いに競合的な効果を群化にもたらしているといえる。

第6章 知覚-認知過程の測定

表6.1 垂直間隔と均衡SOA（すべて黒円のパターン）

垂直間隔	均衡 SOA
25 mm	31.1 ミリ秒
30 mm	32.6 ミリ秒
35 mm	36.9 ミリ秒
40 mm	45.3 ミリ秒

表6.2 垂直間隔と均衡SOA（黒円と白円が行ごとに交替するパターン）

垂直間隔	均衡 SOA
25 mm	69.0 ミリ秒
30 mm	72.0 ミリ秒
35 mm	78.8 ミリ秒
40 mm	82.3 ミリ秒

　したがって，前述（3.9）の同時的群化の実験で確認された近接の要因の効果は時間的近接性にも適用できるといえる．また，上記の結果から，空間的近接性と時間的近接性を量的に比較することができる．ただし，時間的近接性と空間的近接性の関係は非線型であり，この実験範囲では，均衡SOAは空間的間隔距離に対して加速的に上昇している（ただし，群化可能な時間的間隔には上限があるであろう）．

　なお，大山らは，図3.15のように，黒円と白円が行ごとに交替する刺激パターン（直径と水平間隔は上記と同じ）を用いても，同様の実験を行い，均衡SOAが**表6.2**のように増大することを見出した．空間的時間的近接の要因に加え，類同の要因の差異が参加するとこの均衡SOAが変化することを見出した．継時的に提示される点の水平点間の類同性に，同時に提示される垂直点間の非類同性が加わると，継時的群化が可能な時間間隔がさらに増大したのである．水平間の類同性が時間的近接性の不足を補ったといえる．

　その際，物理的には継時的に提示された2刺激パターンが主観的には同時に見えているために群化が生じたのではないか，という疑問が生じる．しかし，同じ実験事態，同じ観察者群で同時と感じ得る時間間隔閾（SOA）を調べたところ，約30ミリ秒であり，得られた均衡SOAは，

これより明らかに大きかった。観察者たちは，継時的に感じながらもまとまって見えたと報告した。

また，継時的に刺激された小円間で仮現運動が生じることによって群化が生じたのではないかとの疑問も起ころう。しかし，仮現運動が生じやすい時間間隔帯よりも，継時的群化が生じやすい時間間隔帯は短い。さらに，仮現運動の生起率は5.4で述べたように一般に時間間隔の逆U字形関数であるが，継時的群化の生起率は時間間隔の単調減少関数である点が異なっている。観察者に見え方を尋ねると，垂直に並ぶ4小円がまとまりながら，その垂直のまとまり全体が水平に運動するという印象も時に生じたと答えている。この場合，群化は垂直に，仮現運動は水平に生じたわけで，群化と仮現運動両現象は明らかに独立した現象であることが示された。

6.2 継時的統合とマスキング

2つの図形を継時的に提示した場合，それらが知覚的に統合されることによって，まとまりができて，そこに新しい知覚像が生成される場合と，逆に知覚的に統合されることによって個別性が失われる妨害的な場合がある。

たとえば，**図6.1** a，bそれぞれは意味のまったくないランダムドットに見えるが，重ねるとcの図のように「VOH」と読める。a，bを5ミリ秒ずつ継時的に提示すると，81ミリ秒の間隔時間（SOA）までは，50％以上の正答率でcのような文字が読める（Eriksen & Collins, 1967）。同時に2つを重ねて提示したときは，約90％の正答率で答えられるが，間隔時間が増大するに従い，正答率は低下する。この過程は，上述の継時的群化の過程と似ている。

継時的マスキングにおける類似性の効果に関する実験

他方，継時的統合のために，個別のものが知覚できなくなる場合がある。ある種の継時的マスキングがその例である。大山と渡辺武郎と舟川

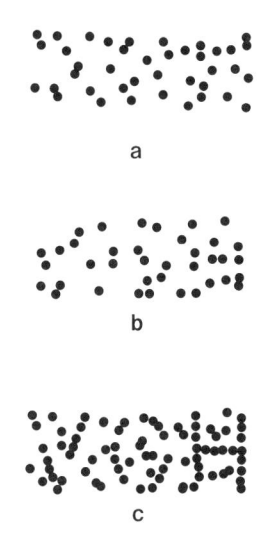

図6.1　継時的統合（Eriksen & Collins, 1967）

政美（Oyama, Watanabe, & Funakawa, 1983）は，**図6.2** a のような，1個から14個のランダムに配置した斜めのバーからなるテスト図形をタキストスコープで 50 ミリ秒提示した後で，0〜100 ミリ秒の SOA をあけて図 6.2 b, c のような多数のバーからなるマスク（妨害）図形を提示すると，最初のテスト図形のバーの個数が正しく答えられにくくなることを見出した。一種の**逆向マスキング**（backward masking）である。その際，SOA が 0 ミリ秒のときに，マスク効果が最大で，SOA が 50 ミリ秒まで効果が大であるが，SOA が 100 ミリ秒でも，わずかであるが有意なマスク効果が認められた。マスク図形が b でも c でも正答率では差が認められなかったが，提示されたバーの個数と回答されたバーの個数の相関をとってみると，マスク c のほうがマスク b より相関係数が有意に高かった。ここで相関が高いということは，正答でなくても，回答したバーの個数の大小が提示したバーの個数大小と関連があることを示している。いわば，誤答であっても正答に近い誤りであることを示唆している。その点で，テスト図形 a と同方向の多数のバーをもつマスク図形 b のほうが，バーの方向が 90 度違うマスク図形 c よりマス

　　　　a　　　　　　　b　　　　　　　　　c

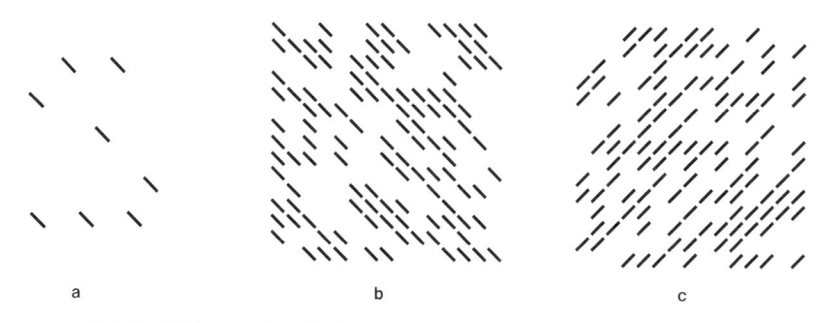

図6.2　逆向マスキング（Oyama, Watanabe, & Funakawa, 1983）

ク効果が大であることを示している。テスト図形とマスク図形の方向の類同性がマスク効果を大にしている。ただし，この実験は方向検出器の抑制効果でも説明できる。

　また大山らは，赤と青の小円群よりなるテスト・マスク図形でも同様の類同性の効果を逆向マスキングと**順向マスキング**（マスク刺激が先行するマスキング）で見出した。すなわち，テストとマスク図形が同色の場合に，異色の場合（赤-青，青-赤）よりもマスク効果が大であった。この点で，このような継時的マスキングと継時的群化の共通性が認められる。類同の要因がマスキングを生じさせていると考えられる。

　なお，このような継時的マスキングが，テスト・マスク刺激を構成する各小円の網膜投影位置の局所的マスキングによる可能性を排除するため，大山（1984）は継時的に提示される両刺激の構成小円の位置が重なることのないように配置した場合についても実験した。その結果でも，同色間のマスキングが異色間のマスキングよりも大きい順向・逆向マスキングを生じた。この結果は上記の効果が局所的マスキングに帰すことができないことを示している。また，テスト刺激は上記と同様の赤・青ドットパターンとしたまま，マスク刺激を全面一様な赤い面または青い面として実験したところ，まったくマスク効果は生じなかった。したがって，この効果は色順応などによるものでないことも確かめられた。また時間間隔とマスク効果の関数関係において逆U字型関係を描くメタコントラスト型のマスキングとは異なる（菊地，1994）。

6.3 注意の範囲

ランダムな配置で複数の黒点などを瞬間的に提示した際に，何個までなら正確にその個数を把握できるかの問題は，**注意の範囲**（span of attention）として19世紀の哲学者ハミルトン卿（Sir Wiliam Hamilton）によって論じられ，1971年にW. S. ジェヴァンス（Jevans）によって，黒豆を使って実験されている（大山，1978，2000）。人間の注意力の限界を示す指標と考えられてきた。

注意の範囲に及ぼす群化の効果に関する実験

この注意の範囲の測定に際して，黒点を少数のグループに分けて提示したならばどうであろう。大山（Oyama, 1986）は，**図6.3** B, Cのように単純なパターンをもつ4, 5個のサブグループに分かれる黒点からなる刺激パターンを作成して，図Aのようにサブグループに分かれにくい対照刺激パターンとともに，ランダム順にそれぞれ20ミリ秒ずつタキストスコープ中に提示した。その結果得られた注意の範囲（50%正確に回答できる個数）は，**図6.4**のように，Aシリーズでは8.8であったが，Bシリーズでは11.3，Cシリーズでは13.1と上昇した。その際B・Cシリーズでは反応時間が短縮していることが判明した。

なお，グループに分かれるパターンであっても，それぞれのグループが単純なパターンにならない場合は，このような注意の範囲の増加は認

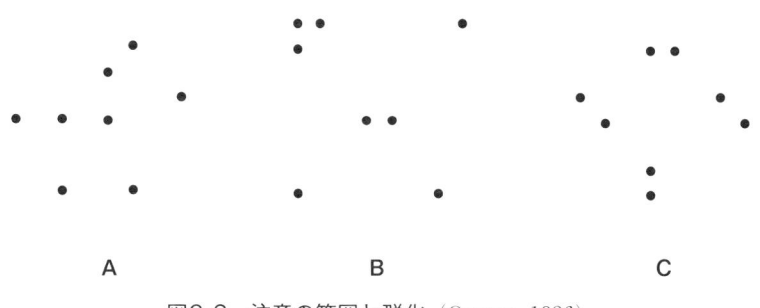

図6.3　注意の範囲と群化（Oyama, 1986）

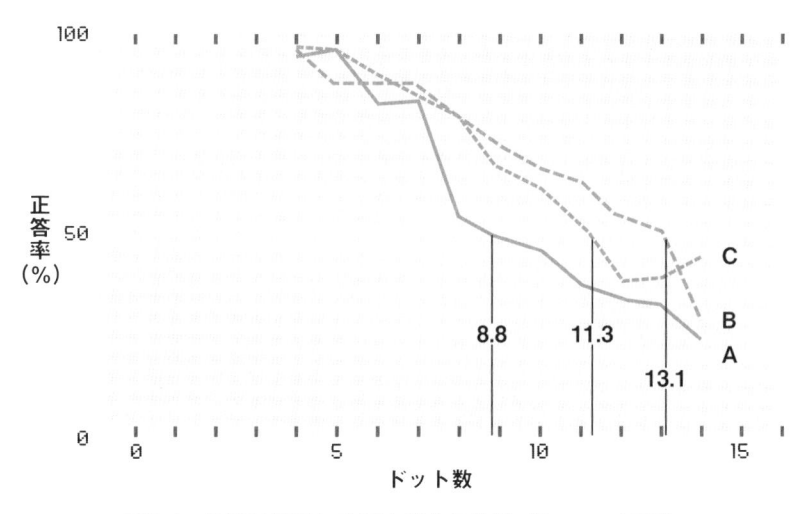

図6.4 注意の範囲に及ぼす群化の効果 (Oyama, 1986)

められなかった。これらの結果は刺激パターンが単純な形をもつグループに分かれることによって，個数の把握の情報処理が能率化していることが示唆された。G. A. ミラー（Miller, 1956）のいう**チャンキング**（chunking）の過程が生じていることが推定される。図6.4に示したような注意の範囲に対する知覚的群化の効果は，一種のチャンキングの効果と考えられる。ただし，この効果は各グループが単純なパターンになる場合に限られているようである。一般にチャンキングには練習効果が認められるから，これまで述べてきた知覚現象より高次の水準のものかもしれない。

注意の範囲に及ぼす瞬間提示とマスキングの効果に関する実験

大山と菊地正と市原茂（Oyama, Kikuchi, & Ichihara, 1981）(大山, 1978)は，暗室内で円形赤色発光ダイオード（LED）を**図6.5**（a）のように，視角3.2度×3.2度の範囲に10行10列に並べた刺激提示盤を用い，5分間の暗順応後，その中からランダムに選んだ1〜15個のLEDを発光して，観察者に，その数をできるだけ早く口頭で答えるように求

第 6 章 知覚-認知過程の測定

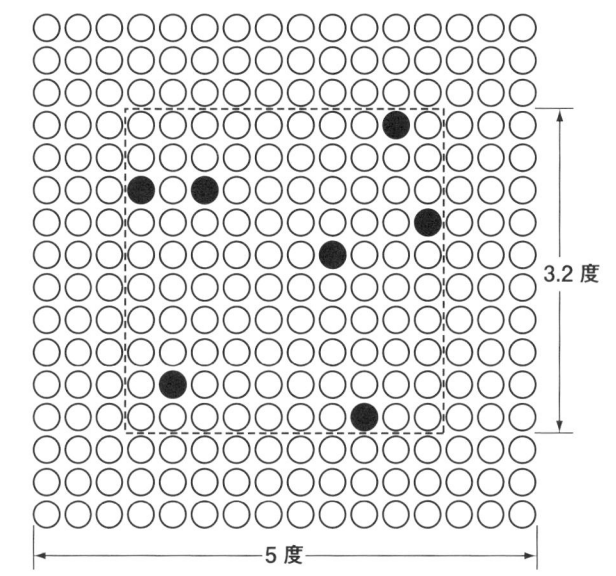

(a) テストパターン

(b) マスクパターン

図6.5 注意の範囲に及ぼすマスキング実験

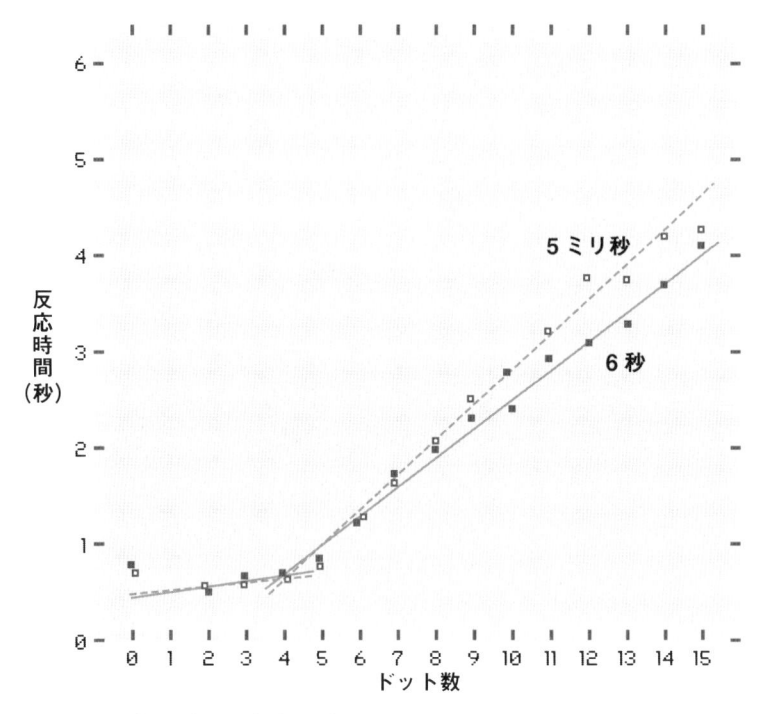

図6.6　ドット数と計数反応時間（Oyama, Kikuchi, & Ichihara, 1981 のデータに基づく）

めた。その反応時間は，音声に反応するボイスキーを用いて測定された。その際，まず何個かの LED を5ミリ秒のみ発光させる条件と，6秒間続けて発光させる条件を設定した。発光する LED の数が最大の15個の場合でも6秒以内には数え切れた。一方，1個の LED の場合でも反応時間は約 430 ミリ秒要したから，5ミリ秒の提示時間では，当然 LED が消えてから反応が生じている。

　図6.6 は3名の熟練した観察者における，この両条件におけるドット（LED）数と平均反応時間の関係を示している。両条件で勾配はやや異なるが，非常によく似た結果が得られている。一般に，このような実験では，4，5個までは個数に影響されることが少なく，非常に早く答えられ，**即座の把握**（subitizing）と呼ばれ，5，6個以上では，数が増え

るごとに約3分の1秒ずつ反応時間が規則的に増えていくことが知られていて，**数えあげ**（counting）の過程として呼ばれている（Klahr, 1973；大山, 1978；2000）。

　図6.6の結果も，従来の結果とよく似ている。6秒連続提示の条件は，過去の研究とよく似た条件でなされていて，いわばその再確認であるが，5ミリ秒の瞬間提示でも，同じような結果を示している。その際の，数えあげの過程では，すでにLEDは消え去っている。それでもかなり正確にその数を答えている。観察者は，すでに消え去ったドットの残した何らかのイメージを数えていると推定される。LEDの残像やVIS（visual information storage）（Sperling, 1960）あるいは**アイコニック記憶**（iconic memory）（Neisser, 1967）を数えているのかもしれない。この点を検討するために，大山らは，テストパターンのLED発光の後に，30〜120ミリ秒の種々のSOA（開始から開始までの時間間隔）をあけて，図6.5（b）のように，テスト領域を含む16×16個のLEDから，半数をランダムに選んだ128個のLEDを，マスクパターンとして5ミリ秒提示した。その際にも，テストパターンからマスクパターンまでのSOAが最大の200ミリ秒であれば，報告ドット数，正答率，反応時間のすべてにわたって，マスクのない条件とほとんど変わらなかった（**図6.7**に各種SOAの逆向マスキング条件下の光点数と反応時間の関係を示す。SOAが短い時に反応時間が短くなるのは，マスキングによって，答えられる光点数が減少するためである）。したがって，マスキングに妨害されずに観察者が数えていたものは，視覚マスキングにより撹乱されることが知られている残像やアイコニック記憶とは別のものと考えられる。

　そこで，大山らは**図6.8**のような多段階の情報処理モデルを提示した。ここでいう視覚的イメージはフィリップス（Phillips, 1974）のいう**視覚的短期記憶**（visual short-term memory）に相当するものと考えられる。数分の1秒しか存続しないというアイコニック記憶より以後の過程であるが，まだ言語化（数えあげ）されていないから，通常の意味の言語的な短期記憶（STM）に移行される以前のものといえる。アイコ

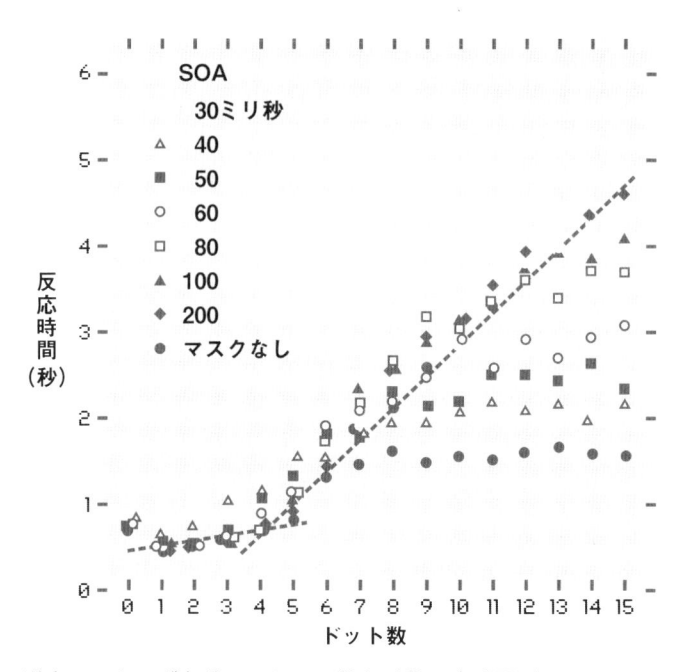

図6.7　逆向マスキング条件下のドット数と計数反応時間（Oyama, Kikuchi, & Ichihara, 1981）

ニック記憶と言語的短期記憶の間に介在する過程である。このような過程を仮定しないと，上記の実験結果は説明できない。なお，ここで想定された視覚的イメージないし視覚的短期記憶の存続時間を推定してみよう。マスクのない条件下での注意の範囲が約10個で，それに対する平均反応時間が2.8秒であり，そこから言語化に要する時間の推定値（1個の光点のテストパターンに対する反応時間0.5秒）を差し引くと約2.3秒と推定される。その時間を超えると，光点の数えあげができなくなる。光点の視覚イメージが消えるか不鮮明になっているのであろう。この限界が注意の範囲を決めていると推定される。前述の群化による注意の範囲の増加も，チャンキングによる数えあげの時間の短縮によるのかもしれない。

　なお，図中にあるアイコニック記憶から視覚イメージへの移行時間の1光点当たり8ミリ秒という値は，最大の15個のLEDを含むテストパ

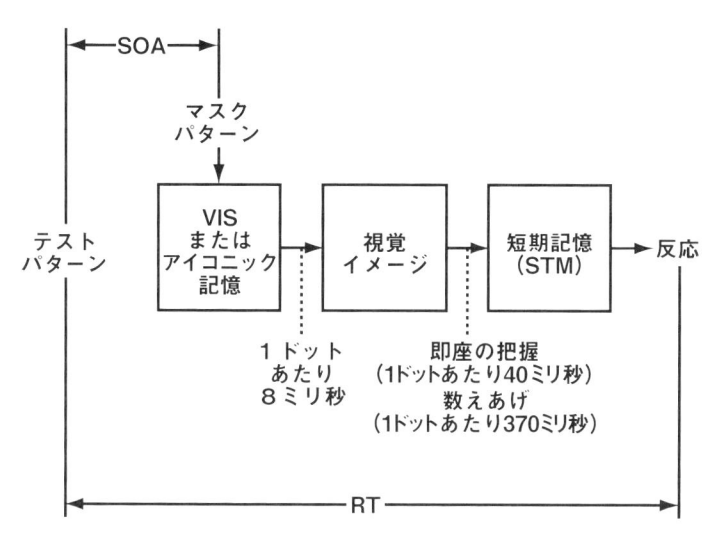

```
         ←─ SOA ─→
              │
           マスク
           パターン
              ↓
  ┌──────┐  ┌──────┐  ┌──────┐
テスト│ VIS  │  │ 視覚 │  │短期記憶│
パターン→│または│→│イメージ│→│(STM) │→反応
  │アイコニック│  │      │  │      │
  │ 記憶 │  │      │  │      │
  └──────┘  └──────┘  └──────┘
       1ドット    即座の把握
       あたり    (1ドットあたり40ミリ秒)
       8ミリ秒    数えあげ
              (1ドットあたり370ミリ秒)
  ←──────────── RT ────────────→
```

図6.8 注意の範囲反応の多段階情報処理モデル（Oyama, Kikuchi, & Ichihara, 1981）

ターンに対する平均回答数の，テスト・マスク間SOAの増加に伴う増加率から推定された．また，視覚イメージから短期記憶への移行時間は，言語化の所要時間を表すと考え，光点数増加に伴う反応時間の増加率から推定された．

さらに，菊地・大山・市原（Kikuchi, Oyama, & Ichihara, 1983）は，上記と同じ実験装置を用いて，中央の10×10個の領域に1〜5個のLEDからなるテストパターン2種を，25〜200ミリ秒のSOAで，5ミリ秒ずつ提示する実験を行った．上述の実験中のマスクパターンを第2のテストパターンに入れ替えた条件である．第2のテストパターンは，マスクパターンと異なりドット数が少なく，楽に数えられる．4名の観察者が参加した．その結果，観察者の報告は3種に大別された．**図6.9**に示すように，タイプ1の報告は第1と第2のテストパターンが合成され，合計のドット数が報告される場合であり，50ミリ秒以下のSOAで多く生じた．タイプ2の報告は第1のテストパターンだけと合成パターンが報告される場合である．たとえば，第1のテストパターンが3個の

刺激　　　S1　　　　S2

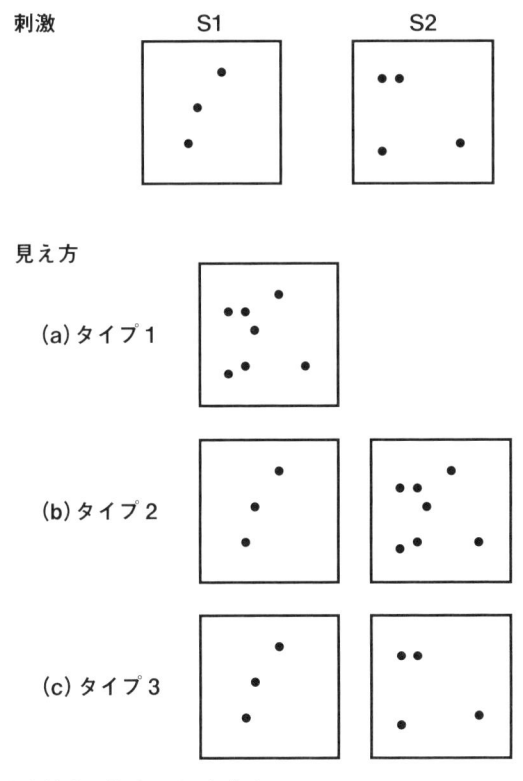

見え方

(a) タイプ1

(b) タイプ2

(c) タイプ3

図6.9　継時刺激の統合のタイプ（Kikuchi, Oyama, & Ichihara, 1983）

　LEDからなり，第2のテストパターンが4個のLEDからなるときは，3個と7個のパターンが見えたと報告される．この種の報告は75ミリ秒のSOAを中心に現れる．タイプ3の報告は第1と第2のテストパターンが継時的に知覚されるという報告である．
　この結果で一番興味深いのは，タイプ2の報告である．上記の多段階情報処理モデルに照らして考えると，アイコニック記憶中に第1と第2のパターンの情報が統合されて視覚的短期記憶に一緒に移行するのがタイプ1の報告であろう．それに対して，タイプ2の報告は，第1のテストパターンの情報がすでに視覚的短期記憶に移行して処理されているのに，その情報がアイコニック記憶にもまだ残り，第2のテストパターン

の情報と統合した結果として生じたものと推定できる。タイプ3の報告は，第1，第2のテストパターンが，アイコニック記憶でも，視覚的短期記憶でも，別個に継時的に処理された結果と解釈できる。

6.4 まとめ

1) 4行4列の黒点などからなる群化図形を奇数行と偶数行とを分けて，タキストスコープで継時的に提示した際にも，SOAが約80ミリ秒以内では，時間を超えた群化が生じる。明らかに同時でないと知覚されながら，時間的に前後して知覚される黒点間がまとまって見える。その際の時間間隔は，黒点間の空間間隔と競合的に作用する。この点で，時間的近接の要因は空間的近接の要因と比較できる。縦横の群化が50%ずつ生じるSOAを推定する点で，S-S型の測定法が用いられた。また，継時的に提示された無意味パターンが統合されて意味のある文字になる場合もある。これも限界はSOA約80ミリ秒である。これらは継時的統合現象といえる。

2) 順向・逆向マスキングも継時的統合の一例と解することができる。少数の対象からなるテストパターンと多数の対象からなるマスクパターンが，色・形が類同の要素から成り立っている場合は，マスキングが生じやすい。SOAが0〜50ミリ秒で強力なマスキングが生じるが，100ミリ秒のSOAでもわずかながらマスク効果が認められる。SOAに応じたテストドット数の正答率を求める点で，S-R型の測定法である。類同の要因が作用する点で，一種の継時的群化とも考えられる。

3) ランダムに分布されたドットを瞬間提示した場合に，その数を50%の正答率で答えられる限界を「注意の範囲」という。ランダム分布であると8〜9個であるが，4〜5のサブグループに分けて提示すると，11〜13個にも上昇する。各サブグループのチャンキングによると推定される。50%正答率を得るドット数を求める点で，S-S型測定法が用いられた。

4) 暗黒中で1〜15個の光点を5ミリ秒提示してから，30〜200ミリ

秒のSOAをあけて多数のランダム光点を5ミリ秒提示すると，マスキングが起こり，一般に答える（知覚する）光点数が減少する。しかし，SOAの増加に従い，答える光点数が上昇し，反応時間も増大する。反応時間は4個までの「即座の把握」と5個以上の「数えあげ」の両過程に分かれて，異なった勾配で直線的に上昇した。答える光点数と反応時間を測定する点で，S-R型の測定法が用いられた。これらの結果から，数分の1秒間のみ持続しマスキングにより妨害される「アイコニック記憶」と，約2秒程度持続してマスキングの妨害を受けない「視覚的短期記憶」と，「言語的短期記憶」の3段階モデルが提出された。「注意の範囲」は「視覚的短期記憶」の持続時間により限定されると推定された。

第7章

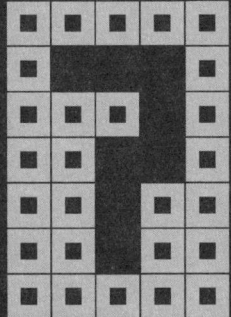

Conclusions
結　語

7.1 測定法の適用

まず第1章で，知覚を刺激（S）群と反応（R）群を媒介する過程と考え，知覚の測定法をS-S型，S-R型，R-R型に分類し，行動研究の中に位置づけることができることを論じた。これらのS-R型，S-S型，R-R型の測定法が，第2～6章で論じた種々の知覚の段階で，実際にどのように用いられたか見てみよう。

S-R型

1）コイとサルにおける混色実験における混色率（S）とそれに対する反応率（R）の測定。

2）図-地反転図形，透明視，知覚的群化，仮現運動など，2様以上の見え方が生じる多義的刺激事態で，あらかじめ決められた見え方のカテゴリーに応じて，2個以上のキーのうちのいずれかを押すように観察者に求め，種々の刺激条件（S）における，観察時間内のそれぞれのキー反応の合計時間（R）から，見え方の優位度を数量的に表すために用いられた。

3）マグニテュード推定法や日常空間における目測訓練後の目測法の形で，色光（S），形（S）などの間に感じられる差異の判断（R），ステレオ装置内に種々の視角（S），輻輳角（S）で提示される映像に対する距離判断（R）と大きさ判断（R）の関係，運動視差（S）と大きさ判断（R）の関係などの追究に用いられた。

4）種々の個数（S）のランダムドットを，瞬間的に提示した後に，種々の間隔時間（S）をあけ，逆向マスキングを与えて，ドット数の報告所要時間（R）を測定し，アイコニック記憶，視覚的短期記憶，言語的短期記憶の3段階モデルの推定に用いられた。

5）セマンティック・ディファレンシャル法（SD法）の利用により，色・配色・形・運動（S）がもたらす感情効果（R）の測定に用いられた。

S-S 型

1）伝統的な精神物理学的測定法として，進出色・後退色現象，膨張色・収縮色現象，色対比条件下の明るさ対比，明るさの恒常性，各種の錯視，大きさの恒常性，速さの知覚に及ぼす縞の密度と窓枠の効果などの研究に用いられた。色相，明度，照度，物理的な大きさ，長さ，距離，速度などの刺激変数（S）と，検査対象と等価に感じる比較刺激の刺激変数（S）の測定がなされた。

2）前出の動物の混色実験において，あらかじめ反応訓練を受けた単色光の波長（S）と混色検査時に最高の反応率が生じた混色率（S）の関係を求めた。これも S-S 型に該当する。

3）暗黒背景中の検査領域で，検査光の波長を調整して，もっともよい赤，黄，緑，青と感じられるような波長を，それぞれ観察者ごとに求めておき，次にそれらの基準値と背景を種々の波長（S）の色光として同じ調整をした場合の波長値の差（S）を，色対比の指標として用いる方法も，この型に含まれる。

4）種々の色相・輝度・大きさ・形の差異（S）をもつ対象間の多義的知覚的群化実験と多義的仮現運動実験において，類同と近接の 2 要因が釣り合い，2 種の群化または仮現運動が 50% ずつ生じるための間隔距離（S）の測定などもこれに含まれる。

5）ある刺激条件（S）下における「注意の範囲」，すなわち一度に把握できるドット数の限界（50% 正答率に該当する個数）（S）の測定もこれに含まれる。

6）種々の刺激条件（S）下における図形残効の測定と，大きさの恒常性に及ぼす両眼視差（S）の効果の測定に用いられた「移調法」も，見えの比率が 2 検査対象間のそれと等しいとして選ばれた移調用カードの物理的比率（S）を求めているので一種の S-S 型測定法である。

R-R 型

1）図-地などの種々の現象的特徴（R）を同時に観察することもこれに含まれる。

2) SD法における尺度間の反応（R）の相関から求める因子分析的研究。

3) 主観的輪郭における輪郭の明瞭度（R），主観的輪郭に囲まれた部分の明るさ・奥行き判断（R）の間，ならびにステレオ装置内の大きさ・距離判断（R）の間の因果関係に関する偏相関を用いた因果推定もこれに該当する。

7.2　理論的示唆

本書はその名の通り，知覚の測定法を主題としたものであり，理論的考察を目的としたものでないが，第1章で論じたように，入力である刺激条件（S）と出力である反応（R）から，ブラックボックスである「知覚」の特性がどの程度推測できたであろうか。

知覚の多段階構造

まず，知覚を情報処理過程とみると，それにはいろいろの段階ないし水準があることが示唆された。

1) 色の知覚についてみると，単独の色同士の弁別，混色，比較の問題と，空間的に近接した異なった色の間の相互作用である色対比とは，異なった水準の過程とみるべきであろう。他方，従来は別々に論じられることが多かった明るさ対比と色対比はむしろ共通の過程をもつものとして総合的に論じられるべきことが示唆された。さらに，進出色・後退色，膨張色・収縮色の問題は，空間知覚の問題と関連し，色知覚自体より高次の水準であるし，両者は相互にも別個の過程とみるべきであろう。また色の知覚とその感情効果はかなり密接に関連しているが，別個の過程であろう。

2) 形の知覚については，図-地知覚，主観的輪郭，透明視のすべてに関連して，輪郭や形や面を伴って見えることは「図」の基本的性格であり，この3現象は，同じ水準で起きているものとして，総合的に考察すべきと思う。錯視の現象は，特殊な現象でなく，形の知覚の一側面とし

て研究すべき問題と考えられるが，各種の錯視のメカニズムはさまざまで，図形全体を相似的に拡大・縮小したときに，錯視の生じ方が変わらない同心円錯視と，構成線分間の視角的間隔が重要なツェルナー錯視のような角錯視とは，分けて考えるべきであろう。短時間提示の際の錯視の生じ方も錯視の種類によって異なる。また，知覚的群化などには重要な色の類同性などは，同心円錯視には重要でないので，群化と錯視は別水準に考えるべきであろう。また形には，色の体系のような，知覚的属性が確立していない。コンピュータプログラムで作成した形の類似度の多次元尺度解析によって，複雑性，規則性，曲線-直線性の3属性が見出され，それぞれ形の感情効果とも関連していることが示唆された。さらに知覚的群化を規定している類同の要因は，近接の要因と量的比較ができるものであり，また類同の要因を構成する色相，明るさ，形，大きさの類同性は，相互に量的比較可能であり，また互いに加算性があり，同一の水準中で処理されていると推測できる。

3) 3次元視空間中の距離知覚と大きさ知覚は，同じ刺激変数（奥行きの手がかり）に規定されながら，相互に独立に処理され，結果的に大きさ−距離不変関係が成り立っていることが判明した。この場合，距離知覚と大きさ知覚は必ずしも同じ水準で処理されているとはいえない。

4) 実際運動の速さ知覚は，運動対象の大きさと枠組みの両方に規定されるが，移調説が予言するように，その対象・枠に対する比率的速度に直接規定されるわけではない。また，枠組みのない暗黒空間中の複数運動光点の見えの運動軌跡は，それらの光点の物理的絶対運動と，複数運動光点全体の運動中の重心位置に対する各点の相対運動の両者によって規定され，運動速度が遅いほど，相対運動の重みが大になった。絶対運動と相対運動を処理する2水準が想定される。また，仮現運動と色・明るさ・形・大きさの変化の知覚のいずれかが生じうる多義的刺激変化条件下では，実現可能性がある位置の移動，色・明るさ・形・大きさの変化量に応じて，そのうちで最小変化の原理が成り立つような知覚が生じる。仮現運動知覚と変化知覚とは同じ水準内で処理されている可能性がある。また運動対象は，その軌道と速度変化によりさまざまな印象を

見る者に与え，時として生き物の運動の印象を生じさせる。このような知覚情報処理の水準は感情とも関連深い過程であろう。

5）SOA（開始-開始間隔時間）が80ミリ秒内では，継時的に提示された刺激パターン間で，群化，統合，マスキングが生じうる。これらの現象は同じ水準（アイコニック記憶が関連する水準）で処理されていると推定される。「注意の範囲」測定で扱うランダムドットパターンは，アイコニック記憶より長く（2秒程度）持続し，マスキングに妨害されないが，言語化以前の視覚的短期記憶の段階で処理されていると推定される。

情報処理の能率化と生活適応的機能

古くはゲシュタルト心理学においてプレグナンツの原理とか最小エネルギーの原理などとも呼ばれていた知覚の原理は，与えられた刺激布置の範囲内で，より単純な簡潔化された知覚体制が生じる傾向を指している。これを知覚情報処理の見地からみれば，情報処理の単純化，能率化に相当すると考えることができる。また，行動の前段階としての知覚にとって生活上の適応的機能も重要である。これらの見地から，本書で述べた知覚過程を見てみよう。

1）まず色の知覚について考えると，人や他の生物に起こる混色という現象自体，目に与えられた光の分光分布に含まれる膨大な情報量のうち，ごく一部の特徴のみ抽出しているので，長波長光（赤）と中波長光（緑）の混合がその中間の波長光（黄）と同じ色に見えて，区別できないという結果を生じさせている。目に入力された分光分布に含まれる情報量の大きな縮減がなされているのである。また，色と明るさの対比は，色と明るさの差を強調し，色と明るさの弁別を容易に，能率的にしている機能があるといえよう。色相が近いほど明るさ対比が大きく起こる傾向は，色相の弁別しにくさを明るさの差の弁別で補っている傾向ともいえる。他方，色と明るさの恒常性は，照明の色や明るさが違っても，外界の同一対象を同じ対象として処理する能率的かつ適応的傾向ともいえる。

2）図-地体制，透明視，知覚的群化などの現象は，網膜像に与えられる多数の異質領域を，色・輝度などの類似性に応じて，より少数の領域にまとめて，その後の知覚情報処理を効率化していると考えることができよう。錯視の現象は，多くは大きさや方向の同化・対比の傾向とみなすことができる。類似したものは差異を過小視して類似なものとして処理し，ある程度以上の差異は強調して，別種の対象として処理することが，その後の知覚・認知過程を能率的適応的にすると考えられる。

3）奥行き距離知覚が比較的正確に弁別できる範囲が，数メートルの近距離に限られていることは，進化の過程において生物としての人が短時間に正確に外部対象の距離を弁別して反応する必要性があるのは比較的近距離に限られていたためかもしれない。大きさの恒常性は，色や明るさの恒常性と同様に，物理的に同じ対象は観察距離が変化した際も同一対象として処理するために有効といえる。

4）速さの知覚が対象の大きさと静止枠組みに相対的に規定されるという事実は，もともと生物には，物理学的な意味での速度（移動距離／時間）という概念がなく，むしろ対象の移動の検出が重要なので，その点から対象の大きさや，静止枠組みと相対的に速さを知覚するほうが生物的に能率的といえる。また，明確な枠組みのない暗黒中で複数の光点が低速で運動する場合，それらの光点群自体が基準系となり，その重心からの相対運動が知覚処理される傾向が認められた。これは物理的絶対運動を処理するより，総運動量が少なくなるので，より能率的な情報処理といえよう。また，異なった色・明るさ・形・大きさをもつ2対象が，それぞれそれらの特性を保ちながら位置を移動したとして交差的仮現運動を知覚する傾向が認められた。この見え方と，2対象がそれぞれ同一位置でその色・明るさ・形・大きさを変えたとみる変化知覚のいずれも生じうる多義的事態で，どちらの見え方が優勢か調べると，仮現運動として見たほうが，全体的変化が少なくてすむ場合は，仮現運動が現れ，同一位置で色などの変化が生じたとして見たほうが，全体的変化が少ない場合には，変化知覚が起こる傾向がある。同様の傾向は，2様の仮現運動，あるいは仮現運動と変化知覚の複合が生じうる場合にも同様

の傾向が認められる。この傾向は「最小変化の原理」の現れととらえることができる。ただし，どの見え方が最小変化か決めるためには，色・明るさ・形・大きさの変化と空間的移動を同じ尺度上で比較可能とし，またそれらの結合方式を規定する必要があり，そのための若干の試みがなされた。この最小変化の原理は知覚の安定性を与える役割を果たしていると考えられる。

5) 数十ミリ秒のSOA（開始-開始間隔）で継時提示された2パターン間で，群化・統合・マスキングが生じる。これらは主観的な同時性を伴わず，時間的な前後の弁別が可能な場合にも生じる。これは時間的な弁別はしながらも，空間的には統合した情報として処理しているものであり，これが空間情報の知覚処理上の効率化に貢献しているものであろう。いわゆる「アイコニック記憶」が媒介している過程であろうが，そのメカニズムについてはさらなる検討を要する。また，このアイコニック記憶より長く，約2秒間持続する「視覚的短期記憶」の存在が想定された。これは言語記憶以前の記憶機能として重要であり，その機能の解明が重要であろう。

6) 色・形・運動などの知覚は，多くの感情的・情動的反応を伴っていることが示された。これは，生物としての人にとっては，知覚は行動への準備段階であり，知覚される内容によっては，早急な接近・回避反応を要する。知的な情報処理を経ずして，反応を要する場合がある。とくに生物進化の過程ではそうであったろう。知覚と感情・情動の密接関係が考えられる。

文献

第1章

フリッシュ, K. v. 著　桑原万寿太郎訳　1975　ミツバチの生活から　岩波書店（Frisch, K. von 1969 *Aus dem Leben der Bienen*. Berlin-Heidelberg: Springer）.

Graham, C. H. 1950 Behavior, perception and the psychophysical methods. *Psychological Review*, **57**, 108-120.

Guilford, J. P. 1954 *Pychometric methods*. 2nd ed. McGraw-Hill.

今田　寛　1994　行動主義・新行動主義　梅本堯夫・大山　正（編）　心理学史への招待　サイエンス社　pp. 219-234.

Neisser, U. 1963 Decision-time without reaction-time: Experiments in visual scanning. *American Journal of Psychology*, **76**, 376-385.

大山　正　1960　刺激-反応関係から見た知覚測定　心理学評論, **4**, 215-239.

Oyama, T. 1969 *S-S* relations in psychophysics and *R-R* correlations in phenomenology. *Psychologia*, **12**, 17-23.

大山　正　1969　精神物理学的測定法　和田陽平・大山　正・今井省吾（編）　感覚・知覚心理学ハンドブック　誠信書房　pp. 32-55.

大山　正　1974　意識と行動　大山　正（編）　心理学の基礎　大日本図書　pp. 76-97.

大山　正　1994a　色彩心理学入門　中公新書（1169）　中央公論社.

大山　正　1994b　精神物理学，反応時間研究　梅本堯夫・大山　正（編）　心理学史への招待　サイエンス社　pp. 55-66, 81-89.

大山　正　2005a　心理学的測定法の利用　後藤倬男・田中平八（編）　錯視の科学ハンドブック　東京大学出版会　pp. 15-25.

大山　正　2005b　心理学研究法の特色，セマンティック・ディファレンシャル法（SD法），反応時間測定法，精神物理学的測定法　大山　正・岩脇三良・宮埜壽夫（共著）心理学研究法——データ収集・分析から論文作成まで　サイエンス社　pp. 1-15, 65-78, 79-92, 125-141.

大山　正　2005c　ウェーバー，フェヒナー，スティーヴンス——精神物理学　末永俊郎（監修）鹿取廣人・鳥居修晃（編）　心理学の群像1　アカデミア出版会　pp. 165-192.

大山　正（編）　2007　実験心理学　サイエンス社.

大山　正・実森正子　1983　動物の"精神物理学"　佐藤方哉（編）現代基礎心理学6　学習II——その展開　東京大学出版会　pp. 13-41.

大山　正・瀧本　誓・岩澤秀紀　1993　セマンティック・ディファレンシャル法を用いた共感覚性の研究——因子構造と因子得点の比較　行動計量学, **20**, 55-64.

Stevens, S. S. (ed.) 1951 Mathematics, measurement, and psychophysics. Stevens, S. S. (ed.) *Handbook of experimental psychology*. Wiley. pp. 1-49.

Watson, J. B. 1913 Psychology as the behaviorist views it. *Psychological Review*, **20**, 158-177.

Watson, J. B. 1930 *Behaviorism.* Revised ed. Norton.
山口真実・金沢 創 2008 赤ちゃんの視覚と心の発達 東京大学出版会.

第2章

相場 覚 1970 Stevens の新精神物理学 大山 正（編） 知覚（講座心理学4）東京大学出版会 pp. 261-287.
Akita, M., Graham, C.H., & Hsia, Y. 1964 Maintaining an absolute hue in the presence of different background colors. *Vision Research*, **4**, 539-556.
Beck, J. 1972 *Surface color perception.* Cornell University Press.
Bond, M.E., & Nickerson, D. (1942) Color order systems, Munsell and Ostwald. *Journal of the Optical Society of America*, **32**, 709-719.
江草浩幸 1977 色の進出後退現象について 心理学評論, **20**, 369-386.
渕田隆義 1994 視覚刺激とその測定法 大山 正・今井省吾・和気典二（編） 新編 感覚・知覚心理学ハンドブック 誠信書房 pp. 263-286.
Goethe, W. 1810 *Zur Farbenlehre.*（高橋義人・前田富士男訳 1999 色彩論 第1巻 工作舎）
Hibino, H., & Oyama, T. 1989 Chromatic adaptation on minimally distinct border and brightness matching in color-normals and deutranopes. *Color Research and Application*, **14**, 113-121.
堀田裕明・神田明典・村井忠邦・中嶋芳雄 1997 単色の色彩感性因子を用いた2色配色感性因子の推定 映像情報メディア学会技術報告, **21**, No.28, 1-6.
一条 隆 2003 輝度 日本色彩学会（編） 色彩用語事典 東京大学出版会 p.133.
Indow, T., & Kanazawa, K. 1960 Multidimensional mapping of Munsell colors varying in hue, chroma, and values. *Journal of Experimental Psychology*, **59**, 330-336.
伊藤久美子 2004 同一色相内の二色配色の感情効果 日本色彩学会誌, **28**, 3-15.
伊藤久美子 2008 色彩好悪と色彩象徴の経年比較 デザイン学会誌, **55**（4）, 31-38.
伊藤久美子 2009 色彩調和と配色 大山 正・斉藤美穂（編） 色彩学入門——色と感性の心理 東京大学出版会 pp. 102-122.
伊藤久美子・大山 正 2005 異色相間の二色配色の感情効果 日本色彩学会誌, **29**, 291-302.
Kandinsky, W. 1912 *Über das Geistige in der Kunst.*（西田秀穂訳 1960 抽象芸術論——芸術における精神的なもの 美術出版社）
神作 博 1998 表面色の可視性，誘目性 日本色彩学会（編） 色彩科学ハンドブック 第2版 東京大学出版会 pp. 885-887.
Kinney, J. A. S. 1962 Factors affecting induced color. *Vision Research*, **2**, 502-525.
北原健二 1994 色覚異常 大山 正・今井省吾・和気典二（編） 新編 感覚・知覚心理学ハンドブック 誠信書房 pp. 425-433.
北原健二 2003 色覚異常 日本色彩学会（編） 色彩用語事典 東京大学出版会 pp. 216-217.
Kozaki, K., & Noguchi, K. 1998 The effect of relative area of figures against a back-

ground on perceived lightness and impression of illumination. *Japanese Journal of Psychonomic Science*（基礎心理学研究），**17**, 20-26.
Newton, I. 1704 *Opticks*.（阿部良夫・堀 伸夫訳 1954 光学 岩波文庫）
日本医学会 2007 色覚関連用語について 医学用語辞典 WEB 版．
Oyama, T. 1960 Figure-ground dominance as a function of sector-angle, brightness, hue and orientation. *Journal of Experimental Psychology*, **60**, 299-305.
Oyama, T. 1968a A behavioristic analysis of Stevens' magnitude estimation method. *Perception and Psychophysics*, **3**, 317-320.
Oyama, T. 1968b Stimulus determinants of brightness constancy and the perception of illumination. *Japanese Psychological Research*, **10**, 146-155.
大山 正（編著） 1984 実験心理学 東京大学出版会．
大山 正 1992 色覚正常者と色覚異常者における色空間 日本心理学会第56回大会発表論文集，757．
大山 正 1994a 色彩心理学入門——ニュートンとゲーテの流れを追って 中公新書（1169）中央公論社．
大山 正 1994b 精神物理学 梅本尭夫・大山 正（編著） 心理学史への招待 サイエンス社 pp. 55-66.
大山 正 2000 視覚心理学への招待 サイエンス社．
大山 正 2001 色彩調和か配色効果か——心理学の立場より 日本色彩学会誌，**25**, 283-287.
大山 正 2003 SD法，SD法の形容詞選択，SD法の実施，SD法のデータ処理 日本色彩学会（編） 色彩用語事典 東京大学出版会 pp. 71-73.
大山 正 2005a ウェーバー，フェヒナー，スティーヴンス——精神物理学 末永俊郎（監修）鹿取廣人・鳥居修晃（編） 心理学の群像1 アカデミア出版会 pp. 165-192.
大山 正 2005b セマンティック・ディファレンシャル法（SD法） 大山 正・岩脇三良・宮埜寿夫 心理学研究法 サイエンス社 pp. 65-78.
大山 正 2009 色の感覚と知覚，色の知覚・感情効果 大山 正・斉藤美穂（編） 色彩学入門——色と感性の心理 東京大学出版会 pp. 2-17, 56-63.
Oyama, T., & Anzai, C. 1973 A further study on the effects of hue and luminance on the size perception. *Acta Chromatica*, **2**, 164-169.
大山 正・古坂哲厳・木藤恒夫 1979 人間と動物の色覚 日経サイエンス，12月号，99-110.
Oyama, T., & Hsia, Y. 1966 Compensatory hue shift in simultaneous color contrast as a function of separation between inducing and test fields. *Journal of Experimental Psychology*, **71**, 405-413.
Oyama, T., & Jitsumori, M. 1973 A behavioral study of color mixture in the carp. *Vision Research*, **13**, 2229-2308.
Oyama, T., Mitsuboshi, M., & Kamoshita, T. 1980 Wavelenghth-specific brightness contrast as a function of surround luminance. *Vision Research*, **20**, 127-136.

大山 正・宮埜寿夫・山田 寛 2002 色と形の類似性知覚に対する多次元尺度の適用 柳井晴夫他（編）多変量解析実例ハンドブック 朝倉書店 pp. 633-647.

Oyama, T., & Nanri, R. 1960 The effects of hue and brightness on the size perception. *Japanese Psychological Research*, **2**, 13-20.

Oyama, T., Soma, I., Tomiie, T., & Chijiiwa, H. 1965 A factor analytical study on affective responses to colors. *Acta Chromatica*, **1**, 164-173.

大山 正・田中靖政・芳賀 純 1963 日米学生における色彩感情と色彩象徴 心理学研究, **34**, 109-121.

Oyama, T., & Yamamura, T. 1960 The effect of hue and brightness on the depth perception in normal and color-blind subjects. *Psychologia*, **3**, 191-194.

側垣博明 2009 測色とCIE表色系 大山 正・斉藤美穂（編）色彩学入門——色と感性の心理 東京大学出版会 pp. 18-39.

Stevens, S. S. 1962 The surprising simplicity of sensory metrics. *American Psychologist*, **17**, 29-39.

高根芳雄 1980 多次元尺度法 東京大学出版会.

Torgerson, W. S. 1958 *Theory and methods of scalings*. New York: Wiley.

上村保子 1994 明るさの恒常性 大山 正・今井省吾・和気典二（編）新編 感覚・知覚心理学ハンドブック 誠信書房 pp. 349-355.

Wright, W. D. 1946 *Researches on normal and defective colour vision*. London: Henry Kimpton

第3章

Asher, H. B. 1976 *Causal modeling*. Sage Publications.（広瀬弘忠訳 1980 因果分析法 朝倉書店）

Attneave, F., & Arnoult, M. D. 1956 The quantitative study of shape and pattern recognition. *Psychological Review*, **53**, 221-227.

Behman, B.W., & Brown, D. R. 1968 Multidimensional scaling of forms: A psychophysical analysis. *Perception & Psychophysics*, **4**, 19-25.

Blakemore, C., Carpenter, R. H. S., & Georgeson, M. A. 1970 Lateral inhibition between orientation detectors in the human visual system. *Nature*, 228, 37-39.

Brigner, H. M., & Gallagher, M. B. 1974 Subjective contour: Apparent depth or simultaneous brightness contrast? *Perceptual and Motor Skills*, **38**, 1047-1053.

Cooper, L. A., & Shepard, R. N. 1984 Turning something over in the mind. *Scientific American*, **12**, 114-120.

Coren, S. 1972 Subjective contours and apparent depth. *Psychological Review*, **79**, 359-367.

Fox, C. W. 1935 An experimental study of naming. *American Journal of Psychology*, **47**, 545-578.

後藤倬男・田中平八（編）2005 錯視の科学ハンドブック 東京大学出版会.

Kanisza, G. 1976 Subjective contours. *Scientific American*, **23**（4），48-52.

Kikuchi, T. 1971 A comparison of similarity space and semantic space of random shapes. *Japanese Psychological Research*, **13**, 183-191.

北山 忍・内田由紀子・新谷 優 2007 文化と感情――現代日本に注目して 藤田和生（編） 感情科学 京都大学学術出版会 pp. 173-234.

Köhler, W. 1930 *Gestalt psychology*. Liveright.

Köhler, W. 1940 *Dynamics in psychology*. Liveright.（相良守次訳 1951 心理学の力学説 岩波書店）

Köhler, W. 1969 *The task of Gestalt psychology*. Princeton University Press.（田中良久・上村保子訳 1971 ゲシタルト心理学入門 東京大学出版会）

Köhler, W., & Wallach, H. 1944 Figural after-effects: An investigation of visual process. *Proceedings of the American Philosophycal Society*, **88**, 269-357.

Kubovy, M., & van den Berg, M. 2008 The whole is equal to the sum of its parts: A probabilistic model of grouping by proximity and similarity in regular patterns. *Psychological Review*, **115**, 131-154.

Metzger, W. 1953 *Gesetze des Sehens*. 2. Auflage. Kramer.（盛永四郎訳 1968 視覚の法則 岩波書店）

Morikawa, K. 1987 Effect of orientation-selective adaptation on the Zöllner illusion. *Perception*, **16**, 473-483.

盛永四郎 1933 ツルネル氏錯視の研究 心理学研究, **8**, 195-242.

盛永四郎 1935 大きさの同化対比の条件 増田博士謝恩心理学輪文集 岩波書店 pp. 28-48.

盛永四郎 1952 類同の法則と視野体制 千輪浩先生還暦記念論文集 pp. 9-15.

盛永四郎 1957 ゲシュタルト要因 梅津八三・相良守次・宮城音弥・依田 新（監修） 心理学事典 平凡社 pp. 162-163.

Morinaga, S., Noguchi, K., & Ohishi, A. 1962 Dominance of main direction in the apparent transparency. *Japanese Psychological Research*, **4**, 113-118.

小保内虎夫 1930 生理学心理学的研究 第2報告 偏倚の周期性現象の研究（序報） 心理学研究, **5**, 419-474.

小笠原慈瑛 1952 同心円の偏位効果 心理学研究 **22**, 224-234.

小笠原慈瑛 1955 角的布置における線の偏向 I ――線の隔たりの要因 心理学研究, **26**, 12-22.

芋阪直行 1994 精神物理学的測定法 大山 正・今井省吾・和気典二（編） 新編 感覚・知覚心理学ハンドブック 誠信書房 pp. 19-40.

Oyama, T. 1956 Temporal and spatial factors in figural after-effects. *Japanese Psychological Research*, **1**(3), 25-34.

Oyama, T. 1959 A new psychophysical method: Method of transposition or equal-appearing relations. *Psychological Bulletin*, **56**, 74-79.

Oyama, T. 1960 Figure-ground dominance as a function of sector-angle, brightness, hue and orientation. *Journal of Experimental Psychology*, **60**, 299-305.

Oyama, T. 1961 Perceptual grouping as a function of proximity. *Perceptual and Mo-

tor Skills, **13**, 305-306.

Oyama, T. 1962 The effect of hue and brightness on the size-illusion of concentric circles. *American Journal of Psychology*, **75**, 45 – 55.

大山 正　1969　精神物理学的測定法　和田陽平・大山 正・今井省吾（編）　感覚・知覚心理学ハンドブック　誠信書房　pp. 32-55.

大山 正　1970　視知覚の基本体制　大山 正（編）　講座心理学4　知覚　東京大学出版会　pp. 25-137.

大山 正　1971　視野の異方性に関する一考察　高木貞二（編）　現代心理学の課題　東京大学出版会　pp. 76-88.

Oyama, T. 1975 Determinants of the Zöllner illusion. *Psychological Research*, **37**, 261-280.

Oyama, T. 1978 Figural aftereffects. In R. Held, H. W. Leibowitz, & H.-L. Teuber (Eds.) *Handbook of sensory physiology VIII: Perception.* Berlin: Springer-Verlag, pp. 569-592.

大山 正　2000　視覚心理学への招待　サイエンス社.

大山 正　2002　ゲシュタルト諸要因の量的測定と知覚情報処理　基礎心理学研究, **20**, 147-157.

大山 正　2003　色相・明るさ・形・大きさ・空間位置情報の統合　基礎心理学研究, **22**, 108-114.

Oyama, T., Agoistini, T., Kamada, A., Makovic, S., Osaka, E., Sakurai, S., Sarmany-Schuller, I., & Sarris, V. 2008 Similarities of form symbolism among various languages and geographic regions. *Psychologia,* **51**, 170-184.

Oyama, T., & Akatsuka, R. 1962 The effect of hue and brightness on the size-illusion of concentric circles: A further study. *Japanese Psychological Research*, **3**, 129-134.

大山 正・赤塚玲子　1962　三重円錯視における色彩類同性の効果　心理学研究, **33**, 150-153.

Oyama, T., & Haga, J. 1963 Common factors between figural and phonetic symbolism. *Psychologia*, **6**, 131-144.

Oyama, T., & Ichihara, S. 1973 Which determines figural after-effect, retinal size or apparent size? *Japanese Psychological Research*, **15**, 92-98.

Oyama, T., & Miyano, H. 2008 Quantification of Gestalt laws and proposal of a perceptual state-space model. *Gestalt Theory*, **30**, 29-38.

大山 正・宮埜寿夫・木村英司・小貫隆史　2009　知覚的群化における色相・明るさ・形・大きさの類同性の統合様式の検討　基礎心理学研究, **27**, 185.

大山 正・宮埜寿夫・山田 寛　2002　色と形の類似性知覚に対する多次元尺度の適用　柳井晴夫他（編）　多変量解析実例ハンドブック　朝倉書店　pp. 633-647.

Oyama, T., Miyano, H., & Yamada, H. 2003 Multidimensional scaling of computer-generated abstract forms. In H. Yanai, A. Okada, K. Shigemasu, Y. Kano, & J. J. Meulman (Eds.) *New developments in psychometrics.* Tokyo: Springer, pp. 551-558.

Oyama, T., & Morikawa, K. 1985 Temporal development of optical illusions. In J. L. McGaugh (Ed.) *Contemporary psychology: Biological processes and theoretical issues*. Elsevier Science Publication, pp. 385-393.

大山 正・中原淳一 1960 透明視に及ぼす明度,色相,面積の影響 心理学研究, **31**, 35-48.

Oyama, T., & Sato, K. 1975 Relative similarity of rotated and reversed figures as a function of children's age. *Journal of Comparative and Physiological Psychology*, **88**, 110-117.

Oyama, T, Simizu, M., & Tozawa, J. 1999 Effects of similarity on apparent motion and perceptual grouping. *Perception*, **28**, 739-748.

大山 正・鳥居修晃 1955 図-地反転の実験的研究(1)――持続提示における面積,意志的統御ならびに長時間観察の効果 心理学研究, **26**, 178-188.

Oyama, T., Yamada, H., & Iwasawa, H. 1998 Synesthetic tendencies as the basis of sensory symbolism: A review of a series of experiments by means of semantic differential. *Psychologia*, **41**, 203-215.

Rochlin, A. 1955 The effect of tilt on the visual perception of parrallelness. *American Journal of Psychology*, **69**, 635-639.

Rubin, E. 1921 *Visuelle wahrgenommene Figuren*. Gyldendalske.

Sagara, M., & Oyama, T. 1957 Experimental studies on figural aftereffects in Japan. *Psychological Bulletin*, **54**, 327-338.

和田陽平 1962 幾何学的錯視に及ぼす明度差の効果 人文研究(東京都立大学), **27**, 9-22.

Watanabe, T., & Oyama, T. 1988 Are illusory contours a cause or a consequence of apparent differences in brightness and depth in the Kanizsa square? *Perception*, **17**, 513-521.

Wertheimer, M. 1923 Untersuchungen zur Lehre von der Gestalt. II. *Psychologische Forschung*, **4**, 301-350.

山田 寛・大山 正 1996 形態認知の研究(1)――刺激図形の定量的操作に関する検討 基礎心理学研究, **15**, 61.

第4章

Berkley, G. 1709 *An essay towards a new theory of vision* (Reprinted in Everyman's Library, No. 483, Dent). 下條信輔・植村恒一郎・一ノ瀬正樹(訳) 1990 視覚新論 勁草書房.

Boring, E. G. 1942 *Sensation and perception in the history of experimental psychology*. Appleton-Century-Crofts.

Boring, E. G., Langfeld, H. S., & Weld, H. P. 1948 *Foundation of psychology*. Wiley.

Gibson, J. J. 1950 *The perception of the visual world*. Houghton Mifflin.

Graham, C. H. 1965 *Vision and visual perception*. Wiley.

Kilpatrick, F. P., & Ittelson, W. H. 1953 The size-distance invariant hypothesis. *Psycho-

logical Review, **60**, 223-231.
久米京子 1952 みえの大きさと観察距離との関係並びに大きさの恒常を規定する要因について（Ⅱ） 心理学研究, **23**, 32-43.
黒田正巳 1992 空間を描く遠近法 彰国社.
Luneburg, R. K. 1947 *Mathematical analysis of binocular vision.* Princeton University Press.
西 徳道 1933 奥行知覚の限界 心理学論文集, **Ⅳ**, 161-165.
小笠原慈瑛 1935 実体鏡における"大きさ"について 増田博士謝恩心理学論文集, pp. 19-27.
Oyama, T. 1959 A new psychophysical method: Method of transposition or equal-appearing relations. *Psychological Bulletin,* **56**, 74-79.
大山 正 1969a 精神物理学的測定法 和田陽平・大山 正・今井省吾（編） 感覚・知覚心理学ハンドブック 誠信書房 pp. 32-55.
大山 正 1969b 立体感・写真・透視図 建築のための心理学 大山 正・乾 正雄（編） 建築のための心理学 彰国社 pp. 29-55.
大山 正 1969c "奥行知覚の手がかり"と大きさ知覚 日本心理学会第33回大会発表論文集, p. 21.
大山 正 1970 視知覚の基本体制 講座心理学4 知覚 東京大学出版会 pp. 25-137.
Oyama, T. 1974 Perceived size and perceived distance in stereoscopic vision and an analysis of their causal relations. *Perception & Psychophysics,* **16**, 175-181.
Oyama, T. 1977 Analysis of causal relations in perceptual constancies. In W. Epstein （Ed.） *Stability and constancies in visual perception: Mechanisms and processes.* Wiley, pp. 183-216.
大山 正 1979 空間知覚 田崎京二・大山 正・樋渡涓二（編著） 1979 視覚情報処理——生理学・心理学・生体工学 朝倉書房 pp. 256-295.
大山 正 2000 視覚心理学への招待 サイエンス社.
大山 正 2005 視覚像としてのアニメーション アニメーション研究, **6**, 34-48.
Oyama, T., & Iwawaki, S. 1972 Role of convergence and binocular disparity in size constancy. *Psychologische Forschung,* **35**, 117-130.
Oyama, T., & Sato, F. 1967 Perceived size ratio in stereoscopic vision as a function of convergence, binocular disparity and luminance. *Japanese Psychological Research,* **9**, 1-13.
Tozawa, J., & Oyama, T. 2006 Effects of motion parallax and perspective cues on perceived size and distance. *Perception,* **39**, 1007-1023.
和田陽平 1967 奥行きの視知覚 八木 冕（編） 心理学Ⅰ 倍風館 pp. 114-120.

第5章

Brown, J. F. 1931 The visual perception of velocity. *Psychologische Forschung,* **14**, 199-132.
Duncker, K. 1929 Über indizierte Bewegung. *Psychologische Forschung,* **12**, 180-259.

Johansson, G. 1958 Rigidity, stability and motion in perceptual space. *Acta Psychologica*, **14**, 359-370.

Johansson, G. 1973 Visual perception of biological motion and a model for its analysis. *Perception & Psychophysics*, **14**, 201-211.

Johansson, G. 1975 Visual motion perception. *Scientific American*, July. **232** (6), 76-88.

Johansson, G. 1977 Studies on visual perception of locomotion. *Perception*, **6**, 365-376.

Kahneman, D. 1967 An onset-onset law for one case of apparent motion and meta-contrast. *Perception & Psychophysics*, **2**, 577-584.

Kano, C., & Hayashi, K. 1984 The apparent paths of two or three circularly moving spots. *Psychological Research*, **45**, 395-407.

Koffka, K. 1935 *Principles of Gestalt psychology*. Kegan Paul.

Kolers, P. A. 1972 *Aspects of motion perception*. Paragamon.

Leibowitz, H. W. 1955 The relation between the rate threshold for the perception of movement and luminance for various durations of exposure. *Journal of Experimental Psychology*, **49**, 209-214.

Metzger, W. 1953 *Gesetze des Sehens*. 2 Auflage. Kramer.（盛永四郎訳　1968　視覚の法則　岩波書店）

Michotte, A. 1946 *La perception de la causalite*. Publications Universitaires de Louvain.

Oyama, T. 1970 The visually perceived velocity as a function of aperture size, stripe size, luminance, and motion direction. *Japanese Psychological Research*, **12**, 163-171.

Oyama, T. 1997 Apparent motion as an example of perceptual stability. *Perception*, **26**, 541-551.

大山 正　2000　視覚心理学への招待　サイエンス社．

大山 正　2002　ゲシュタルト諸要因の量的測定と知覚情報処理　基礎心理学研究，**20**, 147-157.

大山 正　2003　色相・明るさ・形・大きさ・空間位置情報の総合　基礎心理学研究，**22**, 108-114.

大山 正　2007　色・形・運動と感性　野口薫（編）日本大学文理学部叢書 6　美と感性の心理学——ゲシュタルト知覚の新しい地平　冨山房インターナショナル　pp. 667-679.

Oyama, T., & Miyano, H. 2008 Quantification of Gestalt laws and proposal of a perceptual state-space model. *Gestalt Theory*, **30**, 29-38.

Oyama, T., Naito, K., & Naito, H. 1994 Long-range apparent motion as a result of perceptual organization. *Perception*, **23**, 269-286.

大山 正・野村康治・吉田宏之　2000　点運動映像が与える感情効果（3）——連続跳躍運動による因果知覚　日本心理学会第 64 回大会論文集，p. 426.

Oyama, T., Simizu, M., & Tozawa, J. 1999 Effects of similarity on apparent motion and perceptual grouping. *Perception*, **28**, 739-748.

Oyama, T., & Tsuzaki, M. 1989 A mathematical models of the perceived paths of moving lights in frameless space. *Psychological Research, Nihon University*（日本大学心理学研究），**10**, 40-45.

Rock, I., Auster, M., Schiffman, M., & Wheeler, D. 1980 Induced movement based on subtraction of motion from inducing object. *Journal of Experimental Psychology: Human Perception and Performance*, **6**, 391-403.

Sekuler, R. 1996 Motion perception: A modern view of Wertheimer's 1912 monograph. *Perception*, **25**, 1243-1258.

田中啓治 1994 視覚系の構造と機能 大山 正・今井省吾・和気典二（編） 新編 感覚・知覚心理学ハンドブック 誠信書房 pp. 287-317.

Wertheimer, M. 1912 Experimentelle Studien über das Sehen von Bewegung. *Zeitshrift für Psychologie*, **61**, 161-265.

吉田宏之・大山 正・野口 薫・野村康治 2001 点運動映像が与える感情効果 アニメーション研究，**3**, 41-48.

第6章

Eriksen, C. W., & Collins, J. F. 1967 Some temporal characteristics of visual pattern perceptioin. *Journal of Experimental Psychology*, **74**, 476-484.

菊地 正 1994 視覚マスキング 大山 正・今井省吾・和気典二（編） 新編 感覚・知覚心理学ハンドブック 誠信書房 pp. 659-680.

Kikuchi, T., Oyama, T., & Ichihara, S. 1983 Temporal integration and visual masking of dot patterns successively presented. *Japanese Psychological Research*, **25**, 147-155.

Klahr, D. 1973 Quantification Processes. In W. G. Chase (Ed.) *Visual information processing*. Academic Press, pp. 3-34.

Miller, G. A. 1956 The magical number seven, plus or minus two : Some limits on our capacity for processing information. *Psychological Review*, **63**, 81-97.

Neisser, U. 1967 *Cognitive psychology*. Appleton-Century-Croft.（大羽 秦訳 1981 認知心理学 誠信書房）

大山 正 1978 ひと目で何個のものが見えるか 日経サイエンス，9月号，23-33.

大山 正 1984 視覚マスキングにおけるテスト・マスク間の色彩類同性の効果 日本心理学会第48回大会発表論文集, p. 150.

Oyama, T. 1986 The effect of stimulus organization on numerosity discrimination. *Japanese Psychological Research*, **28**, 77-86.

大山 正 2000 視覚心理学への招待 サイエンス社．

Oyama, T., Kikuchi, T., & Ichihara, S. 1981 Span of attention, backward masking and reaction time. *Perception & Psychophysics*, **29**, 106-112.

Oyama, T., Watanabe, T., & Funakawa, M. 1983 Effects of test-mask similarity on forward and backward masking of pattern by patterns. *Psychological Research*, **45**, 303-313.

Oyama, T., & Yamada, W. 1978 Perceptual grouping between succesively presented stimuli and its relations to visual simultaneity and masking. *Psychological Research*, **40**, 101-112.

Phillips, W. A. 1974 On distinction between sensory strorage and short-term memory. *Perception & Psychophysics*, **16**, 283-290.

Sperling, G. 1960 The information available in brief visual presentations. *Psychological Monographs*, **74**, No. 11.

人名索引 (アルファベット順)

相場 覚 35
赤塚玲子（Akatsuka, R.） 72
秋田宗平（Akita, M.） 37, 38
Anoult, M. D. 80
安齋千鶴子（Anzai, C.） 49
Asher, H. B. 65
Attneave, F.（アトニーヴ） 80
Auster, M. 123
Beck, J. 44
Behman, B. W.（ベーマン） 80
Berkley, G. 100
Blakemore, C. 75
Bond, M. E. 29
Boring, E. G. 100, 101
Brigner, H. M. 64
Brown, D. R. 80
Brown, J. F.（ブラウン） 120, 121
Carpenter, R. H. S. 75
千々岩英彰（Chijiiwa, H.） 50
Collins, J. F. 144, 145
Cooper, L. A.（クーパー） 84
Coren, S. 64
Dalton, J.（ドールトン） 3
Donders, F. C.（ドンデルス） 13
Duncker, J. 123
江草浩幸 46
Eriksen, C. W. 144, 145
Fechner, G. T.（フェヒナー） 9, 16, 33, 34
Fox, C. W. 86
Frisch, K. von（フリッシュ） 4
淵田隆義 38, 46
藤井 昭 71
舟川政美（Funakawa, M.） 144, 145, 146
古坂哲厳 24, 25, 26
Gallagher, M. B. 64
Georgeson, M. A. 75
Gibson, J. J. 101, 103, 104
Goethe, W.（ゲーテ） 45
後藤倬男 70, 76
Graham, C. H.（グラーアム） 9, 10, 12, 16, 37, 100, 101, 102, 109
Guilford, J. P. 11
芳賀 純（Haga, J.） 45, 50, 51, 86

Hamilton, W.（ハミルトン卿） 147
林 銈蔵（Hayashi, K.） 123, 124
Helmholtz, H. L. F. von（ヘルムホルツ） 20
日比野治雄（Hibino, H.） 41
堀田裕明 53, 54
Hsia, Y.（シャー） 37, 38
Hull, C. L.（ハル） 5, 16
市原 茂（Ichihara, S.） 79, 148, 150, 152, 153, 154
一条 隆 38
今田 寛 4, 10
印東太郎（Indow, T.） 30
伊藤久美子 45, 52, 54, 56
Ittelson, W. H. 112
岩澤秀紀（Iwasawa, H.） 15, 88
岩脇三良（Iwawaki, S.） 113, 114
Jevans, W. S.（ジェヴァンス） 147
實森正子（Jitsumori, M.） 9, 22, 23
Johnsson, G.（ヨハンソン） 120, 131, 138
Kahneman, D. 129
鴨下隆志（Kamoshita, T.） 39, 40
Kanazawa, K. 30
金沢 創 9
神田明典 53
Kandinsky, W.（カンディンスキー） 45, 49
Kanisza, G.（カニッツァ） 63, 64
狩野千鶴（Kano, C.） 123, 124, 125
神作 博 51
菊地 正（Kikuchi, T.） 80, 146, 148, 150, 152, 153, 154
Kilpatrick, F. P. 112
木村英司 94
Kinney, J. A. S.（キニィ） 36
北原健二 27
北山 忍 87
木藤恒夫 24, 25, 26
Klahr, D. 151
Koffka, K. 121, 131
Köhler, W.（ケーラー） 77, 78, 83, 85, 86, 87, 97
Kolers, P. A. 128, 129
小貫隆史 94
Kozaki, K. 44
久米京子 116

176

人名索引

黒田正巳　106
Kuvoby, M.　90
頼　瓊埼（Lai, C. C.）　45
Langfeld, H. S.　101
Leibowitz, H. W.　120
Luneburg, R. G.（ルネバーグ）　113
Metzger, W.　68, 89, 131
Michotte, A.　137
Miller, G. A.（ミラー）　148
三星宗雄（Mitsuboshi, M.）　39, 40
宮埜寿夫（Miyano, H.）　30, 31, 81, 82, 85, 89, 92, 94, 134
森川和則（Morikawa, K.）　75
盛永四郎（Morinaga, S.）　68, 69, 71, 72, 74, 89
村井忠邦　53
内藤博美（Naito, H.）　129, 131
内藤佳津雄（Naito, K.）　129, 131
中原淳一　67, 68, 69
中嶋芳雄　53
南里禮子（Nanri, R.）　46, 49
Neisser, U.（ナイサー）　14, 151
Newton, I.（ニュートン）　20
Nickerson, D.　29
新谷　優　87
西　徳道　108
野口　薫（Noguchi, K.）　44, 69, 136, 137
野村康治　136, 137
小保内虎夫　70
小笠原慈瑛　71, 75, 110
大石明子（Ohishi, A.）　69
苧阪直行　75
Osgood, C. E.（オズグッド）　15
大山　正（Oyama, T.）　2, 3, 4, 6, 7, 8, 9, 10, 13, 15, 20, 22, 23, 24, 25, 26, 27, 30, 31, 32, 33, 34, 35, 37, 38, 39, 40, 41, 42, 43, 45, 46, 47, 49, 50, 51, 52, 53, 54, 56, 60, 61, 62, 63, 65, 67, 68, 69, 70, 71, 72, 73, 74, 75, 78, 79, 81, 82, 84, 85, 86, 87, 88, 89, 90, 91, 92, 94, 100, 104, 105, 106, 108, 109, 110, 111, 112, 113, 114, 116, 117, 120, 121, 122, 125, 126, 128, 129, 131, 132, 133, 134, 135, 136, 137, 138, 142, 143, 144, 145, 146, 147, 148, 150, 151, 152, 153, 154
Phillips, W. A.　151
Rochlin, A.　73
Rock, I.　123
Rubin, E.（ルビン）　60
相良守次（Sagara, M.）　78
佐藤房子（Sato, F.）　114, 116
佐藤恵子（Sato, K.）　84, 85
Schiffman, M.　123
Sekuler, R.　128
Shepard, R. N.（シェパード）　84
清水正子（Simizu, M.）　91, 132, 133
側垣博明　21, 46
相馬一郎（Soma, I.）　50
Sperling, G.　151
Stevens, S. S.（スティーヴンス）　6, 34, 35
高根芳雄　30
瀧本　誓　15
田中平八　70, 76
田中啓治　120
田中靖政　45, 50, 51
Tolman, E. C.（トールマン）　5, 16
富家　直（Tomiie, T.）　50
Torgerson, W. S.（トーガーソン）　30
鳥居修晃　62
戸澤純子（Tozawa, J.）　91, 117, 132, 133
津崎　実（Tsuzaki, M.）　125, 126
内田由紀子　87
上田茂穂　42
上村保子　44
Van Den Berg, M.　90
和田陽平　72, 109
Wallach, H.（ワラック）　78
渡辺武郎（Watanabe, T.）　63, 65, 144, 145, 146
Watson, J. B.（ワトソン）　4, 5, 10, 16
Weber, E.（ウェーバー）　9, 33
Weld, H. P.　101
Wertheimer, M.（ウェルトハイマー）　89, 127, 128
Wheeler, D.　123
Wright, W. D.（ライト）　21
Wundt, W.（ヴント）　2, 8, 13, 16
山田　寛（Yamada, H.）　30, 31, 81, 82, 85, 88
山田　亘（Yamada, W.）　142
山口真実　9
山村哲雄（Yamamura, T.）　46, 47
吉田宏之　136, 137
Young, T.（ヤング）　20

177

事項索引 (五十音順)

【あ行】

ISI 129, 130, 132
アイコニック記憶 151, 152, 154, 155, 156, 158, 162, 164
明るさ 93, 132, 161
──の恒常性 42, 44, 57, 159
明るさ対比 35, 36, 39, 41, 43, 57, 64, 159, 160, 162
アニメーション 136
アノマロスコープ 27, 28
R-R 型 7, 10, 17, 158
R-R 関係 60
暗順応 20, 32, 41
安定性 164
生き物 136, 162
意識 2, 3, 16
石原式色覚検査表 3, 28
異常3色覚 25, 27, 28, 30
異常色覚者 56
位相差 123, 124
1型色覚 28
1色覚 27, 28
移調 83, 139, 161
移調法 79, 114, 118, 159
移調用カード 115
一極部分運動 128
一体性 72
移動の検出 163
異方性 71, 73, 74, 96
イメージ 151, 152
色 129, 130, 131, 139, 160, 162, 164
──の恒常性 42
──の3属性 29
色収差説 46
色順応 32, 42
色対比 36, 37, 39, 56, 57, 159, 160
色立体 30, 80, 97
陰影 104
因果関係 160
因果推定(法) 10, 65, 66, 95, 112, 118
因果知覚 137
因子分析 10, 15, 17, 137, 160
VIS 151

ウェーバーの法則 12, 33
動きの知覚 120
運動 131, 164
──の刺激頂 120
──の速度閾 120
──の知覚 120
──の枠組み 126
運動軌跡 124, 127, 139
──モデル 126
運動軌道 140
運動視差 103, 105, 117, 118
運動縞 139
運動対象 121
運動知覚 142
ALSCAL 法 30
鋭角過大視 70
鋭角性 87
S-R 型 7, 8, 17, 56, 58, 95, 96, 97, 118, 139, 140, 155, 156, 158
S-S 型 7, 8, 12, 17, 56, 57, 96, 97, 98, 118, 139, 140, 155, 158, 159
SOA 75, 129, 142, 144, 151, 153, 155, 162, 164
STM ⇒短期記憶
SD 法 ⇒セマンティック・ディファレンシャル法
LED 148
遠近感の手がかり 100, 104
遠近法的手がかり 114
大きさ 91, 92, 93, 95, 98, 111, 112, 113, 114, 118, 129, 130, 131, 132, 133, 134, 135, 139, 161
──の恒常性 79, 109, 110, 114, 116, 118
大きさ-距離不変仮説 112
大きさ知覚 110, 161
大きさ判断 158
大きさ比率関係 97
奥行き運動 130
奥行き感 65, 116
奥行き手がかり 108
オプティカル・フロー 104

【か行】

回帰式 53, 54

事項索引

回転運動　123
回転混色円盤　43, 68
回転図形　85
回避訓練　23
回避反応　164
角錯視　161
拡大縮小　130
仮現運動　120, 127, 130, 132, 134, 135, 144, 158, 159, 161
過去経験　89
重なり合い　104
加算性　93, 134
可視範囲　4
仮説構成体　6
数えあげ　151, 156
形　60, 63, 85, 91, 92, 93, 95, 98, 129, 130, 131, 132, 133, 134, 135, 139, 160, 161, 164
　——の属性　80
形-空間　83
価値　15, 54, 86, 88, 137
活動　55
活動性　15, 50, 55, 86, 88, 137
加法混色　21
感覚　5
　——の質　29
　——の属性　29
　——の強さ　29
感覚印象　49
間隔時間　158
間隔尺度　7, 35
眼球運動　75
眼球運動説　128
観察距離　74, 105
観察者　2
感情　85, 164
感情効果　53, 54, 58, 158, 160, 161
寒色　50, 55, 62
感性的印象　15
桿体　20
キー（押し）反応　61, 95, 130, 139, 140, 158
機械的　137
基準系　163
規則性　82, 83, 86
輝度　29, 36, 40, 41, 42, 43, 91, 92, 95, 98, 132, 133, 134, 135, 139

逆向マスキング　145
逆錯視　74
客観的構え　89
鏡映図形　84, 85, 97
境界線　60
矯正法　107, 110
共通運命　89
共通成分　125
極限法　8, 48, 58, 71, 75, 96, 109, 121
曲線　82
曲線性　83, 87
距離　111, 112, 113, 118
　——のパラドックス　78
距離知覚　161, 163
　——と大きさ知覚　161
距離判断　158
近接　89, 90, 91, 93, 98, 143, 159, 161
緊張感　55
空間間隔　37, 57, 155
空間誤差　48
空間周波数　122
空間的近接　155
空間的近接性　142, 143
雲間の月　123
群化　67, 89, 92, 93, 133, 134, 135, 142, 147, 148, 152, 155, 158, 159, 161, 162, 163, 164
継時時相　127, 130
継時提示　164
継時的　142, 144, 154, 155
継時的群化　144
継時的統合　144, 155
軽明性　15, 50, 55, 88
ゲシュタルト心理学　64, 67, 77, 83, 85, 89, 120, 127, 139, 162
ゲシュタルト要因　89
言語　97
言語的短期記憶　152, 156, 158
検査図形　78, 79
検査領域　36, 37, 40, 41
減算法　13
現象学的観察　10
現象的特徴　159
減法混色　21
コイ　9, 21, 22, 23, 24, 26, 27, 56, 158
広角レンズ　106

179

交互作用　55, 72, 88
交差角　74
交差的仮現運動　130, 131, 139, 163
恒常性　42, 159, 162, 163
恒常法　8, 11
合成　88
後退色　45, 46, 51, 57, 69, 160
行動　3
行動主義　4, 9, 10, 16
幸福　87
語音　85
語音象徴　97
個人差　5
個体差　5
コルテの法則　128, 129
混色　20, 21, 22, 23, 24, 25, 26, 56, 158, 162
混色率　69

【さ行】

最小変化　164
　――の原理　131, 161
最適運動　129
最適時相　128
彩度　29, 36, 51
彩度差　54
差異の判断　158
錯視　69, 70, 75, 79, 159, 160, 163
錯視量　72
サル　9, 21, 22, 24, 25, 26, 27, 56, 158
3型色覚　28
3件法　48
3色覚　27
3次元空間　100
3次元視空間　161
三重円　72
3色係数　21
3色説　6, 20
残像　151
3段階モデル　156
3D映画　101, 106
地　10, 51, 60
子音　87
市街地距離　94, 95
市街地モデル　94, 98

視角　109, 112, 113, 118
視角的（網膜的）大きさ　79, 80
視覚的短期記憶　151, 152, 154, 155, 156, 158, 162, 164
時間間隔　155
時間周波数　121, 122
時間的近接　155
時間的近接性　142, 143
色円　29, 31
色覚異常　3, 4, 27, 46
色覚受容器　41
色覚の分類　27
色弱者　32
色相　29, 51, 91, 92, 93, 95, 98, 132, 133, 134, 135, 139, 161
色名　4, 27
刺激　4, 5, 158
刺激閾　8, 11, 20
刺激変数　159
視細胞　20, 32
指数関数　113, 114, 118
持続視時間　79
実験現象学的方法　17
視点　105
自発的　137
自発的運動　140
縞模様　121
重回帰分析　92, 134
収縮色　45, 46, 49, 57, 160
重心位置　126
従属変数　5, 6, 14
周波数　82
主観的等価速度　139
主観的等価点（PSE）　8, 48, 57, 71, 74, 76, 96, 97, 116
主観的輪郭　63, 64, 65, 66, 160
主観的輪郭図　95
主観的輪郭線　67
出現-消失　130, 132
出力　6
受動的　137
順位尺度　7, 83, 97
順向マスキング　146
純粋ファイ　120, 128
純度　29, 36

180

事項索引

順応　32
象徴性　51, 87
照度　42, 43
情動　164
情報処理　163
情報処理過程　13, 160
情報処理時間　14
照明　42, 57
　——の知覚　42
触覚2点閾　11
所要時間　158
深計覚計　109
人工瞳孔　37, 40
新行動主義者　5
進出-後退現象　46, 49
進出色　45, 46, 51, 57, 69, 160
心的回転　84
振幅　82
心理学的研究法　5
心理検査　10
図　10, 51, 58, 60, 62, 67, 160
　——になりやすさ　61
図-地　159, 160, 163
図-地反転図形　51, 58, 60, 61, 62, 68, 77, 95, 158
水晶体　100
錐体　6, 20
数理モデル　126, 139
図形残効　77, 78, 79, 97, 159
スティーヴンスの法則　35
ステレオスコープ　100, 109, 110
ステレオ装置　107, 110, 113, 118
ストーリー　138
スペクトル　29
鋭さ　15, 55, 88
正常色覚　28, 56
精神時間測定の時代　13
精神測定関数　11
精神物理学的測定法　2, 8, 10, 16, 17, 159
精神物理学の方法　97
生物性　137
生物的印象　138
生物的運動知覚　139
接近　164
絶対判断　37
セマンティック・ディファレンシャル法（SD法）

8, 15, 17, 45, 49, 53, 58, 83, 136, 137, 158
線遠近法　104, 105, 117
線型結合　93, 94
線型的　93, 134
先行図形　78, 79
全体野　60
相関　10
相関分析　17
相対運動　125, 161
即座の把握　150, 156
属性　161
属性変化　130, 132
速度閾　123
側抑制　41, 75

【た行】

大気遠近法　104
対照図形　71
対比　70, 162, 163
タキストスコープ　79, 127, 142, 147, 155
多義的　132, 159
　——な事態　132
多義的刺激事態　158
多次元尺度法　30, 56, 80, 82, 83, 86, 97, 161
多段階構造　160
多段階情報処理モデル　154
段階　160
単眼視　105
短期記憶（STM）　142, 151
短時間提示　75, 96, 161
暖色　49, 50, 51, 55, 62
単色光　21, 40
知覚　2, 5, 16, 156, 160
　——の測定法　158
　——の体制化　89
知覚安定性　131
知覚情報処理　89, 93, 162
知覚的群化　98
知覚的属性　161
知覚のに統合　144
知覚的変化　131, 135
チャンキング　148, 152, 155
注意　142
　——の範囲　147, 148, 152, 155, 156, 159, 162

181

仲介変数　5, 6, 16
中心視　20
重畳　130
調整法　8, 41, 57, 58, 72, 96, 113, 118, 139
調節　100
直接経験　2
直線性　82, 86, 87
直線内挿法　142
ツェルナー錯視　72, 74, 75, 76, 96, 161
適応的機能　162
テクスチュア　63, 105
　――の勾配　104
テストパターン　153
デルブーフ錯視　75, 76
等価　159
同化　70, 76, 163
統合　162, 164
瞳孔間距離　107
同時　143
透視画法　104, 105, 106
同時時相　127
同時的　142
同心円錯視　71, 72, 74, 96, 97, 161
動物　3, 4, 16
　――の精神物理学　9
透明視　67, 68, 69, 96, 158, 160, 163
独立変数　5, 6, 12, 14

【な行】

内観　2
内観法　16
なめらかな経過　89
2型色覚　28
二極部分運動　128
2色覚　27, 28
二重上下法　75, 76, 91, 96, 133, 140
2色配色　53, 58
乳幼児の精神物理学　9
入力　6
認知　142
認知心理学　13
能率的　163

【は行】

媒介変数　5
配色　55
配色効果　54, 55
配色デザイン　54
パイロット　104
速さ　139, 161
　――の移調　121
反射率　29, 33, 42
反応　4, 5
反応時間　2, 8, 13, 14, 84, 150, 151, 156
反応率　158
PSE　⇒主観的等価点
比較円　113
比較刺激　10, 71
比較領域　36, 40
非感性的完結化　64
ピタゴラスの定理　93, 95
標準光源C　46, 47, 71
標準刺激　8, 10, 33
表面色　72
比率尺度　7, 35
ファイ現象　128
フェヒナーの法則　33
複雑性　83
輻輳　100, 101, 105, 116
輻輳角　107, 108, 110, 111, 112, 113, 114, 115, 118
ブラックボックス　6, 160
フリッカー測光法　41
プレグナンツの原理　162
文化　97
文化間比較　87
分光感度曲線　28
分光分布　42
分散分析　72
閉合　89
平行判断　73
べき関数　35, 44,
ベータ運動　128, 132
変位　78
変化(の)知覚　161, 163
変形　130
偏光フィルター　107, 118
偏光メガネ　101

182

変色　130
偏相関　65, 66
弁別　22, 25, 162
弁別閾　8
ボイスキー　150
方位検出機構　75
望遠レンズ　106
方向検出器　146
膨張（現象）　49, 57
膨張色　45, 46, 160
飽和　77
飽和度　29
ポンゾ錯視　75, 76

【ま行】

マグニチュード推定法　8, 17, 30, 35, 56, 117, 118, 158
マスキング　96, 144, 151, 155, 156, 158, 162, 164
マスク　75, 145, 151, 152
マックスウェル視　37, 40
窓枠　121, 139
マンセル色立体　29, 30, 80
見えの運動軌跡　161
見えの大きさ　79, 116
見えの距離　46
見えの照明　44
見えの速さ　121
ミツバチ　4
ミューラー-リヤー錯視　73, 75
無彩色　30
名義尺度　7, 97
明順応　32
明度　29
明度差　51, 54, 62, 72

面色　42
面積　62
網膜像　100, 104, 108, 109, 110
網膜的大きさ　96, 97
目測　107, 110, 118
目測値　111
モデュラス　35

【や・ら・わ行】

有機体　5
有彩色　30
誘導運動　123
誘導光　41
誘導色　38
誘導領域　36, 37, 40
ユークリッド距離　95
ユークリッド空間　93
ユークリッド・モデル　94, 98, 135
よい形　89
よい連続　89
幼児　3
幼児期　85
横運動　130
ランダム図形　80, 81, 97
力量性　15, 50
立体感　100
両眼間間隔　100
両眼視差　101, 105, 108, 115, 116, 118
輪郭　63, 64
累積時間　158
類同　67, 89, 91, 93, 98, 143, 146, 155, 159, 161
類同性　71, 134, 161,
枠組み　163

著者略歴

大山 正（おおやま・ただす）

1928 年	東京に生まれる
1951 年	東京大学文学部卒業
1956 年	東京大学大学院特別研究生修了
1961 年	文学博士
1963～64 年	フルブライト研究員としてコロンビア大学留学

[職歴]

1956～65 年	北海道大学文学部講師，同助教授
1965～80 年	千葉大学文理学部助教授，同人文学部教授
1980～88 年	東京大学文学部教授
1988～98 年	日本大学文理学部教授
1998～2008 年	同大学院非常勤講師

[学会等]

1994～2000 年	日本学術会議会員
1983～89 年，1992～98 年	日本心理学会常務理事，同編集委員長（1992～98 年）
2003 年～	日本心理学会・日本色彩学会・日本アニメーション学会名誉会員
2007 年	日本心理学会国際賞特別賞受賞
2009 年	日本色彩学会賞受賞

[主要研究テーマ]

実験心理学，心理学研究法，心理学史

[著書・編書]

『感覚・知覚心理学ハンドブック』（共編著）誠信書房，1969．
『建築のための心理学』（共編著）彰国社，1969．
『知覚（講座心理学 4）』（編著）東京大学出版会，1970．
『心理学の基礎』（編著）大日本図書，1974．
『視覚情報処理——生理学・心理学・生体工学』（共編著）朝倉書店，1979．
『実験心理学』（編著）東京大学出版会，1984．
『色彩心理学入門——ニュートンとゲーテの流れを追って』中央公論社，1994．
『心理学史への招待』（共編著）サイエンス社，1994．
『新編 感覚・知覚心理学ハンドブック』（共編著）誠信書房，1994．
『視覚心理学への招待』サイエンス社，2000．
『新編 感覚・知覚心理学ハンドブック Part 2』（共編）誠信書房，2007．
『実験心理学』（編著）サイエンス社，2007．
『色彩学入門——色と感性の心理』（共編著）東京大学出版会，2009．

知覚を測る──実験データで語る視覚心理学

2010年6月5日　第1刷発行

著　者　大　山　　　正
発行者　柴　田　敏　樹
印刷者　西　澤　道　祐
発行所　株式会社　誠　信　書　房
〒112-0012　東京都文京区大塚3-20-6
電話　03 (3946) 5666
http://www.seishinshobo.co.jp/

あづま堂印刷　イマヰ製本所　　落丁・乱丁本はお取り替えいたします
検印省略　　　　　無断で本書の一部または全部の複写・複製を禁じます
Ⓒ Tadasu Oyama, 2010　　　　　　　　　　　　　Printed in Japan
ISBN978-4-414-30177-9 C3011

新編 感覚・知覚心理学ハンドブック

大山 正・今井省吾・和氣典二 編

ISBN978-4-414-30503-6

われわれはつねに視覚・聴覚・味覚・嗅覚・皮膚感覚・平衡感覚・時間感覚などの感覚をもち，身体の内外の膨大な情報を受けとっている。感覚・知覚のおかげで，われわれは適切な行動を行い生命の安全を維持するとともに，豊かで楽しい感性経験を享受している。また人と人の間のコミュニケーションも感覚・知覚を通してなされる。感覚・知覚研究には長い歴史と独自の方法論があり，哲学・生理学・物理学・化学・工学などの影響下で，心理学を中心に進められてきた。その研究成果が101名の執筆陣によって集大成された。

目次
第Ⅰ部　総論
第Ⅱ部　視覚
第Ⅲ部　聴覚
第Ⅳ部　皮膚感覚・自己受容感覚
第Ⅴ部　前庭機能（平衡感覚）
第Ⅵ部　嗅覚
第Ⅶ部　味覚
第Ⅷ部　時間感覚

菊判上製　定価(本体50,000円+税)

新編 感覚・知覚心理学ハンドブック Part 2

大山 正・今井省吾・和氣典二・菊地 正 編

ISBN978-4-414-30504-3

『新編 感覚・知覚心理学ハンドブック』(1994年刊)の刊行後10年余りが経過し，その間に各領域での研究が進展するとともに，新たなトピックも現れている。今回の『Part 2』は，この間のギャップを埋めるため，近年進歩の著しいテーマを重点的に取り上げ解説した。認知心理学との関係が密接な注意・記憶研究，事象知覚やバーチャル・リアリティなど日常場面に近い研究，fMRIをはじめ生理学的指標を利用した研究，さらに，応用分野として高齢者の感覚・知覚研究なども取り上げ，本編とは独立した内容も充実している。

目次
第Ⅰ部　総論
第Ⅱ部　視覚
第Ⅲ部　聴覚
第Ⅳ部　触覚
第Ⅴ部　前庭機能
第Ⅵ部　嗅覚
第Ⅶ部　味覚

菊判上製　定価(本体18,000円+税)